D0287169
100
HISTORIAS
Extraordinarias
PARA NIÑAS
VALIENTES

Garfield County Libraries
Carbondale Branch Library
320 Sopris Avenue
Carbondale, CO 81623
(970) 963-2889 • Fax (970) 963-8573
www.GCPLD.org

100 Historias Extraordinarias para niñas valientes

Relatos inolvidables sobre mujeres de fe

Jean Fischer

Casa Promesa
Una división de Barbour Publishing, Inc.

ISBN 978-1-64352-405-4

Título en inglés: *100 Extraordinary Stories for Courageous Girls: Unforgettable Tales of Women of Faith*

Diseño de portada por Emma Segal

Ilustraciones interiores de Heather Burns, Sara Foresti, Isabella Grott, Fabio Mancini, Bonnie Pang, Riley Stark, Lisa Manuzak Wiley y Rea Zhai

Desarrollo editorial: Semantics, Inc. Semantics01@comcast.net

Publicado por Casa Promesa, un sello de Barbour Publishing, Inc., 1810 Barbour Drive, Uhrichsville, Ohio 44683.

Nuestra misión es inspirar al mundo con el mensaje transformador de la Biblia.

Impreso en China.

000191 0420 DS

CONTENIDO

ABIGAIL

(1 SAMUEL 25:1-42)

Abigail arregla el problema

Si hubieras vivido en los tiempos bíblicos y conocido a Abigail, podrías describirla como una mujer bella, inteligente y casada con un hombre gruñón y malhumorado. ¿Por qué se casaría Abigail con una persona así? Probablemente fue un matrimonio arreglado, es decir, que el padre de Abigail eligió a Nabal como esposo para ella, probablemente porque Nabal poseía tierras y rebaños. Su riqueza significaba que Abigail estaría bien cuidada.

Un día, David, el futuro rey de Israel, envió a pedirle provisiones a Nabal. En el pasado, David había sido bueno con Nabal y esperaba que él también lo fuera, pero Nabal fue grosero y despidió a sus hombres. ¡Esto enfureció tanto a David que fue tras él con cuatrocientos soldados!

Cuando Abigail se enteró de la insensatez de su marido, envió a sus siervos a David con vino, doscientos panes, cinco ovejas listas para comer, cinco cestas de grano seco, cien racimos de uvas pasas y doscientos pasteles de pasas e higos secos. Entonces Abigail fue a encontrarse con David y se disculpó por su esposo. Le rogó a David que no reaccionara con violencia para vengarse de él.

«Bendita seas tú por tu buen juicio, porque hoy has evitado que yo llegue a derramar sangre», dijo David (1 Samuel 25:33).

Abigail arregló el problema que creó su esposo ¿Pero crees que Nabal estaba agradecido? No. Cuando llegó a casa, lo encontró disfrutando egoístamente de un festín digno de un rey.

De Abigail aprendemos a defender con valentía lo que sabemos que es correcto. Abigail resolvió el problema poniendo en práctica su sabiduría. Lo hizo calladamente y de una manera que evitó el conflicto.

¿Qué fue de Abigail? Poco después del incidente con David, Nabal murió. Cuando David se enteró, le envió a Abigail una propuesta de matrimonio...

Y ella dijo: «¡Sí!».

NO PAGUEN A NADIE MAL POR MAL. PROCUREN HACER LO BUENO DELANTE DE TODOS.

ROMANOS 12:17

Bessie Adams

(1908-86)

«Bessie, apacienta mis ovejas»

Antes de que Jesús dejara este mundo para volver con su Padre celestial, le dijo a su discípulo Pedro: «Apacienta mis ovejas». Jesús lo dijo tres veces, así que debe de haber sido importante. Pero ¿realmente quería Jesús que Pedro alimentara a un rebaño de animales?

Cuando Jesús dijo «ovejas», se refería a las personas. Jesús quería que Pedro «alimentara» a su pueblo recordándoles que Jesús había venido a salvarlos del pecado. Jesús quería que Pedro y todos los cristianos le contaran al mundo acerca de él.

En Inglaterra, durante la Segunda Guerra Mundial, muchos años después de que Jesús regresara al cielo, Bessie Adams recordó las palabras de Jesús: «Apacienta mis ovejas». Y eso es exactamente lo que ella y su marido hicieron. Trajeron la Palabra de Dios, la Biblia, a la gente.

Bessie y Ken Adams se dieron cuenta de que mucho de lo que se leía sobre Jesús y Dios era falso. Así que alquilaron un pequeño apartamento donde vendían Biblias y literatura cristiana.

La gente estaba tan «hambrienta» de buenos libros sobre Dios que Bessie pronto necesitó una librería. Ella y Ken llevaron la Palabra de Dios a soldados, prisioneros de guerra y muchos otros. No tardaron mucho en abrir otra librería... y otra... ¡y otra! Al final de la guerra, habían abierto seis librerías en Inglaterra. Pero Bessie y Ken no se detuvieron ahí. Comenzaron una misión llamada Cruzada de Literatura Cristiana (CLC) con la idea de alimentar con la Palabra de Dios a personas de todo el mundo.

Hoy su misión, CLC, sirve a cincuenta y ocho países con más de mil hombres y mujeres que continúan llevando literatura cristiana verdadera a las «ovejas» de Jesús.

Bessie Adams tuvo una buena idea, ¡y con la ayuda de Dios se convirtió en algo grande!

Estoy seguro de que Dios, que comenzó a hacer su buena obra en ustedes, la irá llevando a buen fin hasta el día en que Jesucristo regrese.

Filipenses 1:6

Ana
(Lucas 2:21-38)

Ana comparte las buenas noticias

Imagínate viviendo en Jerusalén en los años previos al nacimiento de Jesús. Cada vez que entraras al templo a orar, verías a Ana. La anciana mujer casi nunca abandonaba el templo. Se quedaba allí día y noche orando; a veces sin comer, para poder orar aún mejor.

Ana pasó la mayor parte de su vida aprendiendo la Palabra de Dios y hablando con él en oración. Se había casado siendo joven y vivió con su marido solo siete años hasta su muerte. Ana se quedó soltera el resto de su vida y dirigió su atención hacia Dios. Creía de todo corazón en lo que las Escrituras decían acerca de un Mesías que venía a salvar al mundo del pecado. Ana esperaba su llegada. Año tras año, esperaba pacientemente, sin dudar.

Cuando ya era muy anciana, ochenta y cuatro años después de la muerte de su marido, llegó un día para orar en el templo. Algo especial estaba pasando. Una joven pareja se levantó para dedicar a su bebé a Dios, prometiendo criarlo conforme a la Palabra de Dios. De pie con ellos y sosteniendo al bebé, estaba un anciano llamado Simeón.

El Espíritu de Dios le había prometido a Simeón que no moriría sin ver antes al Mesías con sus propios ojos. ¡Y ahora Simeón tenía en brazos al niño Jesús, el Mesías! Simeón dijo: «Ya he visto la salvación» (Lucas 2:30).

Ana oyó a Simeón. ¡Jesús, el Mesías, había llegado! Ella alabó y dio gracias a Dios. Luego salió y les contó a los habitantes de Jerusalén sobre Jesús. Ana se convirtió en la primera mujer que compartió las buenas nuevas sobre el nacimiento de Jesús.

Sé como Ana. Habla con Dios todos los días. Luego acuérdate de contarle a otros acerca de Jesús.

Hago lo que sea para difundir la Buena Noticia y participar de sus bendiciones.

1 Corintios 9:23 NTV

ANNIE WALKER ARMSTRONG

(1850-1938)

18.000 cartas

¿Cuánto se tarda en enviar un mensaje de texto a alguien? No mucho, ¿verdad? Los mensajes de texto son una forma rápida y fácil de comunicar algo. Pero los mensajes de texto no existían en la época de Annie Walker Armstrong. Ni tampoco el correo electrónico. Annie escribía cartas a mano. Cartas largas. ¡Escribió más de 18.000 cartas en un año!

Cuando era joven y vivía en Baltimore, Annie ayudaba a los necesitados. Ella compartía la buena noticia de que Jesús vino a salvar del pecado a las personas para que un día puedan vivir con él en el cielo. Annie también oraba por los misioneros del mundo. Pero esto no era suficiente para ella. Quería hacer más.

Escribió: «Si tengo una idea que me parece buena, de alguna manera no me siento cómoda hasta que la veo realizada». Su buena idea era conseguir que las mujeres hicieran más para enseñar al mundo acerca de Jesús. Para que su idea prosperara, Annie escribió cartas que animaban a otras a convertirse en misioneras y comenzar nuevas iglesias. En 1888, organizó la Unión Femenina Misionera (WMU, por sus siglas en inglés) para ayudar a dirigir y entrenar a las mujeres en la obra misionera.

Si hubiera que describir a Annie con una palabra, sería *persistencia*. Trabajó duro y nunca se rindió. Annie murió en 1938, pero su WMU sigue existiendo, animando no solo a las mujeres, sino también a los hombres y a los niños, a contarle al mundo acerca de Jesús. Y el nombre y la memoria de Annie perduran a través de la Ofrenda de Pascua de Annie Armstrong para contribuir al sustento de los misioneros y su trabajo.

Annie Walker Armstrong nos recuerda que se necesita persistencia y trabajo duro para que una buena idea prospere.

TODO LO QUE HAGAN, HÁGANLO DE BUENA GANA, COMO [...] SIRVIENDO AL SEÑOR Y NO A LOS HOMBRES. PUES YA SABEN QUE, EN RECOMPENSA, EL SEÑOR LES DARÁ PARTE EN LA HERENCIA.

COLOSENSES 3:23-24

ANNE ASKEW

(1521-46)

La valiente Anne

Tal vez conozcas a alguien como Anne Askew. Ella defendió sus creencias y protegió a sus amigos, ¡siempre!

Nacida en Inglaterra durante el reinado de Enrique VIII, Ana vivió en una época de cambios y problemas. El rey arrestaba a los que lo desobedecían. Mandó matar a algunos de ellos.

Enrique VIII dirigía la Iglesia de Inglaterra, y decretó que cualquiera que no obedeciera las enseñanzas de su iglesia era un traidor, un enemigo de su reino. Anne no creía en las leyes creadas por la iglesia del rey, sino solo en lo que decía la Biblia. Ella leía y memorizaba las Escrituras y se las enseñaba a otros. Cuando el rey dictaminó que las mujeres no podían leer ni enseñar sobre la Biblia ni cualquier otra cosa que no estuviera de acuerdo con sus ideas religiosas, Anne desobedeció. Leía la Biblia y hablaba de ella cuanto quería, y eso la metió en problemas.

Los hombres del rey arrestaron a Anne. Le ordenaron que se retractara de todo lo que creía y decía sobre la Biblia. Pero Anne se negó. Además, no delató a sus amigos que creían como ella que la Biblia es la única Palabra de Dios verdadera.

Por desobedecer al rey, Anne fue torturada y asesinada, un castigo reservado para los peores enemigos de Enrique VIII. Antes de morir, Anne tuvo una última oportunidad de renegar de la Biblia y de sus amigos. ¡Pero jamás lo haría!

«Oh, Señor —oró Anne—. ¡Tengo más enemigos ahora que pelos en la cabeza! Aun así, Señor... deseo de todo corazón... que perdones... la violencia que hacen».

Si tú hubieras sido Anne, ¿habrías dado tu vida por mantenerte fiel a la Biblia y a tus amigos? ¿Podrías perdonar a tus enemigos?

PERMANEZCAN FIRMES EN LA FE. SEAN VALIENTES. SEAN FUERTES.

1 Corintios 16:13 NTV

JANE AUSTEN

(1775-1817)

Lecciones ocultas

Cuando lees una historia, ¿te preguntas por qué el autor escribió que los personajes hicieran ciertas cosas? Cuando terminas un libro, ¿te planteas qué te ha enseñado? Si profundizas en una historia y realmente piensas en ella, encontrarás mensajes que tal vez te hayas perdido. Los escritores ocultan lecciones en sus historias. Lo que les pasa a los personajes y cómo resuelven los problemas pueden enseñarte sobre la vida.

Jane Austen es una de las escritoras inglesas más famosas del siglo dieciocho. Era cristiana y escondía valiosas lecciones de vida en su obra. Las historias de Jane no suelen mencionar a Dios como la Biblia y algunos otros libros; sin embargo, sí muestran cómo quiere Dios que vivamos.

Si lees las historias de Jane, descubrirás que sus protagonistas aprenden buenas lecciones sobre valores piadosos como la honestidad, la humildad —no pensar que eres mejor que los demás— y la superación de los prejuicios. Sus personajes aprenden a entenderse mejor y a aceptarse tal como son.

Tal vez porque reconocía que el amor de Dios está en todas partes, Jane ocultaba a menudo mensajes sobre el amor en sus historias.

Jane se crio como hija de pastor, así que conocía y amaba a Dios. Ella y su familia compartían el amor de Dios ayudando al prójimo. Aunque no escribiera abiertamente sobre sus creencias, la fe de Jane era fuerte. Cuando murió, recibió el honor de ser enterrada en una iglesia famosa (la Catedral de Winchester), no por ser una escritora importante, sino por su fama de haber servido a Dios.

En una oración, Jane Austen escribió: «[Dios] Tú estás en todas partes, a ti no se te puede ocultar ningún secreto».

¿Has descubierto lecciones de vida, incluso lecciones sobre Dios y el amor, escondidas en las historias que has leído?

«[DIOS] REVELA LAS COSAS PROFUNDAS Y SECRETAS».

DANIEL 2:22

GLADYS AYLWARD

(1902-70)

Gladys salva a los niños

Corría el año 1938. El escenario era China. Gladys Aylward, una misionera de Inglaterra, estaba allí enseñando a los chinos sobre Jesús. Llevaba ocho años en el país trabajando duro para el Señor, dirigiendo una posada donde los que viajaban en mula podían descansar y disfrutar de una comida. Gladys compartía la Palabra de Dios con ellos y con cualquiera que quisiera escuchar. Defendió los derechos de las mujeres y de los prisioneros, y acogió a niños huérfanos.

La vida le iba bien, pero China y Japón estaban en guerra, y Gladys tenía más de cien huérfanos a su cargo. El ejército japonés se acercaba, con planes de apoderarse del lugar donde vivían. ¡Tenían que irse! Gladys reunió a todos los niños y comenzaron a caminar hacia un lugar más seguro, un orfanato en Sian.

Caminaron doce días, a veces hallando refugio, a veces escondiéndose en las laderas de las montañas. Gladys era una mujer menuda y estaba fatigada por llevar a los niños, pero no se rendía, ni siquiera cuando llegaron al río Amarillo y no encontraron cómo cruzar. Todos los barcos estaban escondidos del ejército japonés.

Los niños preguntaron: «¿Por qué no cruzamos?».

—El río es ancho y profundo. No hay barcos —dijo Gladys.

—Pídele a Dios que nos haga cruzar —le rogaron los niños—. ¡Él puede hacer cualquier cosa!

Así que se arrodillaron y oraron, y pronto sus oraciones recibieron respuesta. ¡Un oficial chino llegó con barcas! Gladys y los niños cruzaron el río. Viajaron aún más lejos y, finalmente, después de veintiocho días, gracias a Gladys y a Dios, llegaron, sucios y hambrientos, pero a salvo, a Sian.

La historia de Gladys nos recuerda que debemos poner nuestra fe y confianza en Dios. Él dará justo el tipo de ayuda que necesitamos.

AL CONTEMPLAR LAS MONTAÑAS ME PREGUNTO: «¿DE DÓNDE VENDRÁ MI AYUDA?»
MI AYUDA VENDRÁ DEL SEÑOR, CREADOR DEL CIELO Y DE LA TIERRA.

SALMOS 121:1-2

Clara Barton

(1821-1912)

La tímida

Cuando ocurre un desastre, puedes contar con que alguien vendrá a ayudarte. Dios está ahí, por supuesto, pero también usa a personas como ayudantes. Clara Barton fue una de ellas.

Clara fue una niña tímida, pero eso no le impidió hacerse cargo de su hermano cuando resultó gravemente herido. «¡Lo ayudaré a recuperarse!», dijo Clara, de once años. Y lo hizo. Se quedó en casa y no fue a la escuela durante dos años cuidando a David. Mientras lo cuidaba, Clara descubrió que le encantaba ayudar a la gente.

Su timidez comenzó a desvanecerse. Con apenas quince años, Clara se hizo maestra. Incluso abrió una escuela. Y, cuando comenzó la Guerra Civil, corrió a la zona de combate para atender a los soldados heridos. Pronto la llamaron el «Ángel del campo de batalla». Después de la guerra, Clara todavía ayudaba. Trabajó para encontrar soldados desaparecidos y reunirlos con sus familias. Clara no permitió que la timidez se interpusiera en su camino. Ella se levantó con valentía ante las multitudes y les habló de ayudar a otros.

Clara murió hace más de cien años, pero sigue ayudando a la gente hoy. Cuando se producen huracanes, inundaciones y otros desastres, entre los primeros en aparecer está la Cruz Roja estadounidense. ¡Esto es gracias a Clara Barton! Ella creó la Cruz Roja de Estados Unidos en 1861 y la dirigió por veintitrés años. Cada año, la Cruz Roja responde en Estados Unidos a muchos tipos de desastres. Ayudan cuando los necesita una sola familia o miles de personas.

La tímida niña, Clara Barton, se convirtió en una mujer que aprendió que ayudar a los demás era más importante que permitir que la timidez se interpusiera en su camino.

Cuando te sientas un poco nerviosa o tímida, pídele a Dios que te convierta en su ayudante. Puedes contar con él para que te guíe.

PUES DIOS NO NOS HA DADO UN ESPÍRITU DE TEMOR, SINO UN ESPÍRITU DE PODER, DE AMOR Y DE BUEN JUICIO.

2 Timoteo 1:7

Margaret Baxter

(1636-81)

Una mujer de espíritu público

¿Puedes nombrar a algunas mujeres líderes? Hoy en día es común que las mujeres lideren. Pero eso no siempre fue así.

En la época de Margaret Baxter —la de los puritanos—, los hombres hacían las reglas. Se esperaba que las mujeres las siguieran, que vivieran en silencio y que estuvieran contentas en casa dedicadas a las tareas domésticas. ¡Pero ese no era el estilo de Margaret! En su mente, ella y su marido eran un equipo, y eso hizo que otros pensaran en ella como una «mujer de espíritu público», algo que en aquellos días no era bueno.

El esposo de Margaret, Henry, era un conocido predicador y líder de iglesia inglés, pero no era el más ágil a la hora de resolver problemas. Podía pasarse horas dándole vueltas a un problema. Por su parte, Margaret podía decidir de inmediato lo que estaba mal, y no temía decirle a Henry cómo arreglarlo.

En aquel entonces, no era habitual que un hombre siguiera el consejo de una mujer, pero Henry reconoció el don de Margaret para llegar a la raíz de un problema. Él decía: «Sus razones me indicaban que ella estaba en lo correcto». Henry también defendió a su esposa cuando otros la acusaron de estar demasiado ocupada con la iglesia y las obras de caridad. Les recordó que el apóstol Pablo apoyaba que las mujeres ayudasen a difundir la Palabra de Dios. Henry llamaba a su esposa «ingeniosa médico del alma». Hoy podríamos decir que fue una líder sabia.

Tú también puedes ser un líder, y nada puede detenerte. ¡Mira a tu alrededor! Hay mujeres líderes en todas partes. Piensa en lo que puedes hacer en la escuela o donde vayas para dar un buen ejemplo y ser una líder entre tus amigos.

EVITA QUE TE DESPRECIEN POR SER JOVEN; MÁS BIEN DEBES SER UN EJEMPLO PARA LOS CREYENTES EN TU MODO DE HABLAR Y DE PORTARTE, Y EN AMOR, FE Y PUREZA DE VIDA.

1 Timoteo 4:12

Mary McLeod Bethune

(1875-1955)

La Primera Dama de la lucha

Piensa en la palabra *lucha*. Si estuvieras envuelto como una momia, ¿podrías liberarte con un poco de movimiento? Te costaría trabajo. Y no lo harías en un instante. La lucha significa pelear duro para ser libre. La lucha requiere tiempo, dedicación y fuerza.

Lucha era una palabra cotidiana para Mary McLeod Bethune. Nacida poco después de la Guerra Civil, vio a su familia y a otros exesclavos luchar por una vida sin esclavitud. La madre de Mary continuó trabajando para su antiguo dueño hasta que ganó lo suficiente para comprar la tierra donde su familia cultivaba algodón. Tal vez fue el gran ejemplo de su madre, junto con la fe en Dios, lo que hizo que Mary trabajara más duro.

Los niños afroamericanos tenían por fin la libertad de asistir a la escuela. Un misionero abrió una escuela en su región y Mary caminaba kilómetros para ir allí y aprender. ¡Y vaya si aprendió! Se graduó en la universidad y se hizo maestra. Pero eso no era suficiente. Quería ofrecer la mejor educación a todos los niños afroamericanos, así que alquiló una casita y abrió una escuela. Al principio tenía seis estudiantes. Luego vinieron más. Y más. La escuela de Mary crecía y crecía.

Ella vio que los afroamericanos luchaban por disfrutar de las mismas libertades que los blancos. Por el resto de su vida, trabajó para ayudarles a lograr la igualdad. Su arduo trabajo llamó la atención de muchos, especialmente del presidente Franklin D. Roosevelt. La eligió como asesora para unir a todos los estadounidenses como iguales, independientemente del color de su piel. Pronto se la conoció como una gran líder, «la Primera Dama de la lucha».

¿Qué puedes aprender de la historia de Mary? Cuando veas a personas que luchan, ayúdalas. Dios quiere que todos sean libres. Pídele que te ayude a ayudar a otros.

¡Bendito sea el Señor, nuestro Dios y Salvador, que día tras día lleva nuestras cargas! Nuestro Dios es un Dios que salva y que puede librarnos de la muerte.

Salmos 68:19-20

Santa Blandina

(162-177)

«¡Soy cristiana!»

¿Por qué odiaban y crucificaron a Jesús? Porque decía que vino de Dios y que *era* Dios, pero muchos no lo creyeron. Mataron a Jesús porque pensaban que mentía, que estaba faltando el respeto a Dios y a sus santas Escrituras. Sabemos que eso no es verdad. Jesús era, y es, exactamente quien dijo ser: el Hijo de Dios, nuestro Salvador, que vino a salvarnos del pecado.

El odio continuó a medida que había más gente que creía en Jesús. La historia de Blandina ocurrió hace mucho tiempo en Francia, en un momento en que los cristianos eran odiados y obligados a abandonar sus negocios y sus casas. La multitud los golpeaba y les robaba. Muchos eran arrestados.

Blandina era una esclava, de solo quince años, cuando ella y su amo fueron arrestados por ser cristianos. A ella y a todos los arrestados con ella les dieron la oportunidad de negar a Jesús, pero Blandina se negó. Los gobernantes la pusieron en la peor parte de su antigua prisión y la torturaron de todas las maneras que se les ocurrió. Lo que le hicieron fue horrible, y aun así Blandina decía: «¡Soy cristiana!».

Se acercaba una fiesta, un día para celebrar a Roma y a su emperador. Los ciudadanos planeaban reunirse en el estadio para disfrutar del entretenimiento: luchadores profesionales, gladiadores y peleas. Pero costaba dinero contratarlos. Así que los gobernantes decidieron que a los ciudadanos les resultaría «divertido» ver cómo las fieras mataban a los cristianos. Cuando llegó el día de la celebración, Blandina fue llevada al estadio y la mató un toro salvaje. Pero nunca perdió la fe en su Señor. Decía una y otra vez: «Soy cristiana y no hemos hecho nada malo».

La historia de la vida de Blandina no es una historia feliz, pero sí habla de un coraje y una fe asombrosos.

Pero cuando siento miedo, pongo toda mi confianza en ti. Confío en Dios y alabo su promesa. Si tengo puesta mi confianza en él, ¿qué podrá hacerme el ser humano?

Salmos 56:3-4 PDT

CATHERINE BOOTH
(1829-90)

Catherine, madre de un ejército

Catherine Booth creció en Inglaterra en el siglo diecinueve, antes de la televisión, las computadoras, los videojuegos, los teléfonos y toda la electrónica. Cuando era adolescente, una lesión en la columna vertebral la obligó a guardar cama durante meses. Para mantenerse ocupada, Catherine leía. La mayoría de los libros trataban sobre Dios, y, conforme aprendía más de él, quería contarles a todos acerca de Jesús. Sentía que Dios la llamaba a predicar. Pero había un problema.

«El lugar de la mujer es el hogar». Eso es lo que mucha gente creía, y las mujeres no eran aceptadas como ministras del evangelio. Catherine argumentaba que Dios veía a los hombres y a las mujeres como iguales, que ninguno era mejor que el otro. Ella no renunciaría a su llamado de compartir con otros que Jesús vino a salvarlos del pecado.

Catherine se enamoró. Se casó con un joven predicador, William Booth. «Yo no le impediría a una mujer que predicara», dijo. ¡Así que Catalina predicaba! Lo hacía en la iglesia de su marido y donde se lo permitieran. Muchos aceptaron a Jesús como su Salvador gracias a las palabras de Catherine.

William y Catherine montaban carpas en Londres donde predicaban a todos los que quisieran escuchar. Su ministerio creció. Enseñaron a otros a llevar a las personas a Jesús, y pronto tuvieron más de mil voluntarios. William llamó a este grupo de ayudantes el «Ejército de Salvación». Juntos, él y Catherine, fueron sus líderes, y ella era conocida como la «Madre del Ejército».

Hoy, el Ejército de Salvación sirve en más de cien países. Puedes ver a sus miembros haciendo sonar las campanas cerca de las tiendas en Navidad, recaudando dinero para ayudar a los necesitados. La próxima vez que los veas, piensa en Catherine Booth, y recuerda que todos somos iguales a los ojos de Dios. Él llama a hombres, mujeres, niños y niñas a realizar su obra.

«AHORA ENTIENDO QUE DE VERAS DIOS NO HACE DIFERENCIA ENTRE UNA PERSONA Y OTRA».
HECHOS 10:34

Evelyn «Evie» Brand

(1879–1974)

«Dios, dame otra montaña»

Imagínate vivir en Londres a principios del siglo veinte. Te enamoras locamente de un atractivo joven llamado Jesse. «¿Quieres casarte conmigo?», te pregunta. ¡Por supuesto que sí! Jesse vive en la India y tú te vas con él. Después de los «sí, quiero», tu marido y tú se van a casa. No hay carreteras. Está lloviendo a cántaros. Caminan hacia las montañas, hacia las colinas, hasta que llegan a su casa, una pequeña cabaña de tres habitaciones.

Así es como empezó el matrimonio de Evie Brand. Pero no le importó. Evie y Jesse eran misioneros que servían a los pobres en un lugar llamado «las montañas de la muerte».

La gente de allí estaba enferma. El paludismo, una enfermedad mortal transmitida por los mosquitos, mataba a muchos. Durante más de veinticinco años, Evie y Jesse hicieron todo lo posible por ayudar a los de la montaña a recuperarse. También compartieron la Palabra de Dios con ellos y comenzaron una iglesia. Pero entonces sucedió algo horrible. Jesse contrajo la malaria y murió. ¡Evie tenía el corazón roto! El amor de su vida ya no estaba. Sus dos hijos, Connie y Paul, estaban en la escuela en Inglaterra. Ella estaba sola.

Evie podría haberse rendido y haber regresado a Londres, pero no lo hizo. En lugar de eso, le pidió a Dios que la ayudara a hacer aún más. «Dios, dame otra montaña», oró.

Por el resto de su vida, Evie se quedó en la India ayudando a la gente de la montaña. Siempre confió en Dios para que la mantuviera mental y físicamente fuerte. Envejeció. Pero eso no impidió que «la abuelita Brand» hiciera la obra de Dios. «Yo solo soy [una]... débil... anciana», dijo. «Dios... me da la fuerza que necesito cada día».

Evie murió con noventa y cinco años, aún trabajando para Dios.

Cuando las cosas se pongan difíciles, acuérdate de Evie. Confía en que Dios te mantendrá fuerte todos los días de tu vida.

A todo puedo hacerle frente, gracias a Cristo que me fortalece.

Filipenses 4:13

ESTHER EDWARDS BURR

(1732-58)

Amigas íntimas

¿Te gusta escribir? A Esther Burr sí. En una época muy anterior a las computadoras que facilitan la escritura, Esther escribía un diario y cartas. Aunque vivió hace casi trescientos años, se conservan sus cartas y diarios. Al leerlos, aprendemos acerca de la verdadera amistad.

La mejor amiga de Esther, Sarah, vivía demasiado lejos para visitarla en persona. Entonces no había autos, aviones ni trenes. La gente dependía de los caballos y los viajes llevaban mucho tiempo. Las dos se escribían cartas.

Su amistad con Sarah, según Esther, era un regalo de Dios, un regalo que duraría para siempre. Hoy diríamos que eran amigas íntimas, pero, en su diario, Esther lo expresó así: «La verdadera amistad prende primero con una chispa del cielo, y el cielo nunca permitirá que se apague, sino que arderá hasta la eternidad».

Esther podía contarle cualquier cosa a Sarah sabiendo que Sarah no la compartiría. Esther creía que deberíamos poder confiar secretos a una amiga. En otra entrada del diario, escribió: «Todo lo que nos decíamos en confianza contando con que existía una amistad debía mantenerse en secreto».

Sarah era tan digna de confianza que quemaba cualquier carta de Esther que contuviera un secreto.

Esther no tenía ninguna amiga en su pueblo con la que hablar de Jesús, entonces supo que podía escribirle sobre él a Sarah. Ambas eran cristianas que amaban al Señor y compartían abiertamente su fe entre ellas.

Los dos amigos escribieron más de cien cartas antes de que Esther muriera de fiebre, a la edad de veintiséis años, por desgracia.

Piensa en tu mejor amigo o amiga. ¿Es un amigo o amiga de verdad? ¿Puedes confiar en esa persona? ¿Pueden hablar abiertamente entre ustedes sobre Dios?

EL AMIGO SIEMPRE LO ESTIMA A UNO.

PROVERBIOS 17:17 PDT

MILDRED CABLE

(1878-1952)

El trío

Los misioneros son discípulos de nuestro tiempo que viajan por el mundo. Comparten las buenas nuevas de que Jesús vino a salvarnos del pecado para que algún día podamos vivir eternamente en el cielo.

Mientras estaba en Inglaterra, a la edad de veintidós años, Mildred Cable sintió que Dios la guiaba a la obra misionera en China. Fue y se convirtió en maestra en una escuela de niñas. Allí conoció a dos hermanas, Evangeline y Francesca French. Las tres enseñaron juntas durante veintiún años, convirtiéndose en «el trío».

Uno pensaría que, para cuando el trío tenía cuarenta y tantos años, ya se habrían asentado en su trabajo. ¡Ni hablar! Querían hacer más. Los pueblos de las áreas remotas del desierto de Gobi no habían oído hablar de Jesús, así que el trío decidió hablarles.

Eran como pioneras, con Mildred a la cabeza. ¡El peligro acechaba por todas partes! El desierto se extendía a lo largo de miles de kilómetros solitarios, prácticamente sin árboles. Las noches eran terriblemente frías. Los días, extremadamente calurosos. Aun así, viajando en un rudo carro de madera, las mujeres llegaron a pueblos lejanos para hablar de Jesús. Tenían una clase de escuela dominical para los niños; luego, ellos se iban a casa y les enseñaban a sus padres lo que habían aprendido. Dondequiera que iba el trío, se difundían las buenas nuevas. Las personas llegaban a conocer a Jesús y lo invitaban a sus corazones como Salvador.

El trío hizo cinco viajes a través del desierto. Cuando volvían a visitar una aldea, veían a Dios en acción: la gente aceptaba a Jesús como su Salvador y quería saber más acerca de él.

La historia de Mildred y el trío nos recuerda que no es fácil ser misionera. ¿No es grandioso que Dios confíe en nosotros para hacer su obra aun cuando nos enfrentemos a circunstancias difíciles?

PERO ¿CÓMO VAN A INVOCARLO, SI NO HAN CREÍDO EN ÉL?
¿Y CÓMO VAN A CREER EN ÉL, SI NO HAN OÍDO HABLAR DE ÉL?
ROMANOS 10:14

AMY CARMICHAEL

(1867-1951)

Amma Amy

¿Conoces a alguien de tu edad que ayuda a los demás? ¡Quizás eres tú! Ves a una compañera de clase o a un amigo necesitado y te apresuras a ayudar.

Amy Carmichael era así. De adolescente, vio a niñas de su edad que necesitaban esperanza. Estas niñas, conocidas como las «shawlies», trabajaban en los molinos de harina de Belfast, en Irlanda, donde vivía Amy. Eran pobres y pasaban hambre, y necesitaban conocer a Jesús.

Cuando Amy empezó unos estudios bíblicos en una iglesia local, algunos de sus miembros estaban descontentos. No querían a las «shawlies» allí. Pero a Amy no le importaba. Sabía que Dios recibe a todos. Dios bendijo su trabajo y pudo comprar un edificio para que fuera la iglesia de cientos de niñas que querían aprender sobre Jesús.

Amy podría haberse quedado ahí, ministrando a las niñas de Irlanda, pero Dios la quería en otro lugar: ¡en la India!

Fue difícil. Tuvo que aprender un nuevo idioma y ganarse la confianza de la gente. Pronto, al igual que en Irlanda, comenzaron a aparecer niños que querían aprender acerca del Señor. Llegaron más, de todas las edades, niños sin familia que necesitaban un hogar. No pasó mucho tiempo antes de que Amy tuviera más de cincuenta niños que cuidar. La llamaban «Amma», que en su idioma significa «madre». Ser madre de todos esos niños era un trabajo duro, pero Dios le proveyó todo lo que necesitaba.

Durante cincuenta y cinco años, Amy estuvo en la India cuidando niños. No llamó la atención sobre su trabajo. Ni siquiera quería una lápida en su tumba. Cuando falleció, a la edad de ochenta y tres años, los niños usaron una fuente para pájaros para marcar su tumba. En ella estaba tallada la palabra AMMA.

Busca a tu alrededor a un niño necesitado. Sé como Amy y mira qué puedes hacer para ayudar.

«EL PADRE [...] NO QUIERE QUE SE PIERDA NINGUNO DE ESTOS PEQUEÑOS».

MATEO 18:14

FANNY CROSBY

(1820-1915)

Una chica con actitud

¡Oh, qué alegría tengo,
Aunque no puedo ver!
Estoy resuelta a ser feliz
Y sé que feliz seré.

Cuántas bendiciones tengo
Que otros no pueden gozar,
¿Que llore por ser ciega?
¡Eso no lo haré jamás!

Cuando tenía ocho años de edad, Fanny Crosby escribió ese poema. Sí, era ciega, pero no permitía que la ceguera la entristeciera. En vez de eso, eligió tener una actitud positiva.

A Fanny le encantaba escribir poemas. También le gustaba memorizar la Biblia, varios capítulos a la semana. A la edad de quince años, dejó su casa para asistir a una escuela para ciegos en Nueva York.

Fanny estuvo veintitrés años en el New York Institute for the Blind, primero como estudiante y más tarde como maestra. Todos a su alrededor notaron que Fanny tenía talento para escribir poesía. Sus escritos la llevaron a conocer a gente famosa, incluidos presidentes y gobernadores.

Los poemas de Fanny se publicaron en libros, pero se hizo famosa cuando comenzó a escribir letras para canciones e himnos de la escuela dominical.

Siempre le pedía a Dios que le diera ideas para sus canciones. ¡Las ideas llegaron! A lo largo de su vida, Fanny Crosby escribió letras para casi nueve mil canciones.

Fanny mantuvo toda su vida una actitud positiva. Incluso daba gracias a Dios por su ceguera. «Si mañana me ofrecieran una vista terrenal perfecta, no la aceptaría —dijo—. Podría no haber cantado himnos de alabanza a Dios si me hubiera distraído con las cosas hermosas e interesantes que hay en mí».

Cuando sientas lástima de ti misma, dale la vuelta. Acuérdate de Fanny. Ten una actitud positiva y canta una alabanza a Dios.

BUEN REMEDIO ES EL CORAZÓN ALEGRE, PERO EL ÁNIMO TRISTE RESTA ENERGÍAS.

PROVERBIOS 17:22

DÉBORA

(JUECES 4-5)

Débora, una madre para Israel

En los tiempos bíblicos, Débora fue la única mujer juez de Israel. Era una juez justa que confiaba en Dios. Y Dios le confió una misión peligrosa: liberar a los israelitas del control del cruel rey Jabín de Canaán.

El gigantesco ejército del rey, con sus novecientos carros, aterrorizaba a los israelitas. Así que no hacían más que sufrir bajo el mandato del rey. Dios no quería eso. Él quería que su pueblo fuera liberado de los malos modos del rey.

Dios a menudo hablaba a través de Débora al pueblo de Israel. Un día le dio un mensaje para un hombre llamado Barac: «reúne [...] a diez mil guerreros [...]. Y yo haré que Sísara, el comandante del ejército de Jabín, vaya [...]. Allí te daré la victoria sobre él» (Jueces 4:6-7 NTV).

Pero Barac tenía miedo. «Yo iré, pero solo si tú vienes conmigo», le dijo a Débora (versículo 8 NTV).

«Claro que iré contigo —respondió Débora—, pero con tu actitud, no tendrás honor cuando Sísara sea derrotado. El SEÑOR hará que una mujer derrote a Sísara» (versículo 9 PDT).

Fueron, pues, Débora, Barac y los soldados israelitas. «El SEÑOR irá delante de ti», les dijo Débora (versículo 14 PDT).

Cuando comenzó la batalla contra Sísara y sus soldados, Dios hizo algo grande. Hizo que el ejército del rey entrara en pánico. Barac y sus guerreros persiguieron a los novecientos carros hasta que todos los soldados del rey murieron. ¿Y qué pasó con su líder, Sísara? Huyó y se escondió en la tienda de una mujer llamada Jael. Fue Jael quien mató al último de los hombres malvados del rey. Por fin, los israelitas se liberaron del dominio de Jabín, y tuvieron paz en su tierra.

¿Eres valiente como Débora? Siempre que necesites valentía, pídesela a Dios. Él te ayudará.

«SÉ FUERTE Y VALIENTE, Y HAZ EL TRABAJO. NO TENGAS MIEDO NI TE DESANIMES, PORQUE EL SEÑOR DIOS, MI DIOS, ESTÁ CONTIGO».

1 CRÓNICAS 28:20 NTV

Elisabeth Dirks

(Fallecida en 1552)

¡No se rendiría!

Elisabeth Dirks fue una *mártir* cristiana, una persona asesinada por enseñar a otros sobre Jesús. En el Nuevo Testamento, en la Biblia, encontrarás historias de otros mártires. Juan el Bautista, Esteban, Santiago... son solo algunos de los seguidores de Jesús que fueron asesinados por causa de su fe. La historia de Elisabeth se produjo más tarde, después de que se escribiera la Biblia. Vivió en el siglo dieciocho.

Sus padres la enviaron a vivir a una escuela de convento en una época en que se creía que la Iglesia católica era la única verdadera. No todos lo veían así. Algunos se alejaron de la iglesia porque no creían todo lo que les enseñaba. Después de estudiar la Biblia, Elisabeth decidió que estaba de acuerdo con esas personas. Huyó del convento y se unió a otros que no estaban de acuerdo con las enseñanzas de la Iglesia católica. Elisabeth se convirtió en una de las primeras ministras del grupo, y nunca tuvo vergüenza de compartir sus creencias.

Para Elisabeth, Jesús era lo primero. Nadie iba a impedir que enseñara lo que creía sobre Jesús, y eso le trajo problemas. Las autoridades la arrestaron, acusada de mentir sobre Jesús. Querían que delatara a otros miembros de su grupo para poder arrestarlos también. Pero Elisabeth no lo hizo. En vez de eso, les contó lo que ella consideraba verdad acerca de Jesús, y eso los enojó. Amenazaron con torturarla si no denunciaba a sus compañeros. Pero Elisabeth no quiso.

Elisabeth sufrió muchísimo. Cuando no quiso traicionar a sus amigos ni sus creencias sobre Jesús, fue asesinada —ahogada— por los que no estaban de acuerdo con ella.

La de Elisabeth no es una historia feliz, pero contiene dos poderosas lecciones. Sé como Elisabeth. Ponte del lado de Jesús, pase lo que pase. Y, a diferencia de los hombres que la mataron, sé respetuosa con los que no tienen tus mismas creencias.

«Si alguno quiere ser discípulo mío, olvídese de sí mismo, cargue con su cruz y sígame».

Mateo 16:24

HOLY BIBLE

Dorcas

(Hechos 9:36-43)

La modista

Muchos llegaron a creer en Jesús gracias a sus discípulos. Pedro y otros viajaron a ciudades y pueblos difundiendo las buenas nuevas de que Jesús había venido a salvar al mundo del pecado. Por todas partes, hombres, mujeres y niños oraban y le pedían a Jesús que entrara en sus corazones.

Una de esas mujeres era Dorcas. La gente de Jope, la ciudad costera donde vivía, la llamaba por otro nombre: Tabitá. La conocían por ser seguidora de Jesús. El amor de Jesús brillaba a través de ella mientras hacía muchas buenas obras y actos de bondad, principalmente por los pobres.

Dorcas tenía un talento especial para tejer bellas ropas. Podría haber vendido su ropa a los ricos, pero se la daba a los pobres. Las mujeres que no tenían nada y cuidaban solas de sus familias, las que estaban viudas, vestían la bella ropa de Dorcas.

Un día, Dorcas se enfermó y murió. Las mujeres de Jope lloraron mucho, pero luego recordaron que el discípulo de Jesús, Pedro, estaba en un pueblo cercano. Enviaron a buscarlo y Pedro vino enseguida. Fue al cuarto donde yacía el cuerpo de Dorcas y despidió a las mujeres.

Pedro se arrodilló y oró por un milagro. «¡Tabitá, levántate!», dijo (Hechos 9:40). Dios respondió a la oración de Pedro. Dorcas abrió los ojos y se sentó. Pedro invitó a las mujeres a entrar al cuarto, y apenas podían creerlo cuando vieron a Dorcas de pie y con vida. Estas noticias se difundieron por Jope y mucha más gente puso su confianza en Jesús como Salvador.

La lección importante de la historia de Dorcas no es que resucitara, sino que sirvió a Dios con sus muchos actos de bondad.

¿Puedes usar tus talentos especiales para ayudar a otros? ¿Cómo puedes demostrar tu bondad hoy?

Porque Dios es justo, y no olvidará lo que ustedes han hecho y el amor que le han mostrado al ayudar a los del pueblo santo, como aún lo están haciendo.

Hebreos 6:10

Emma Dryer

(1835–1925)

Renunció a todo por Dios

Cuando Emeline Dryer era niña, sus padres murieron.

Dios bendijo a Emma con una tía que la acogió y la crio. Vivían en Nueva York, y la ciudad ofrecía grandes oportunidades para Emma. Fue a las mejores escuelas. Desde la escuela primaria hasta la universidad, Emma obtuvo excelentes calificaciones. Se hizo profesora, primero de escuela primaria y luego de universidad. Emma tenía un buen salario y era popular. ¡Pero entonces lo dejó todo! ¿Por qué? Porque Dios tenía otro plan para ella.

Dios puso en el corazón de Emma la idea de enseñar a otros sobre Jesús. Por encima de un trabajo y un salario con que sentirse cómoda, Emma quería obedecer a Dios. Así que dejó la universidad y se puso a hacer su trabajo.

Emma se mudó a Chicago, donde conoció a un predicador, D. L. Moody, quien hablaba a grandes multitudes enseñándoles sobre Jesús. El señor Moody admiraba la capacidad de Emma para enseñar y su firme fe cristiana. Él la animó a comenzar una escuela de formación de misioneros. El trabajo de los misioneros sería ir a las casas de los que no conocían a Jesús y hablar de él.

Bajo la dirección de Emma, la escuela creció. Muchos aprendieron a amar a Jesús. Entonces esas personas les enseñaban a sus hijos sobre Jesús y los educaban para ser buenos cristianos.

Emma murió a una edad avanzada en 1925, sirviendo todavía a Dios. Hoy, muchos años después, su escuela, el Instituto Bíblico Moody, sigue en Chicago, formando a otros para hacer la obra de Dios. Emma dejó todo para colaborar con Dios en su plan. No le quedó mucho dinero, pero siempre tuvo suficiente para vivir una vida buena y feliz.

De su historia aprendemos que, cuando elegimos servir a Dios, él nos da exactamente lo que necesitamos.

Mi Dios les dará a ustedes todo lo que les falte,
conforme a las gloriosas riquezas que tiene en Cristo Jesús.
Filipenses 4:19

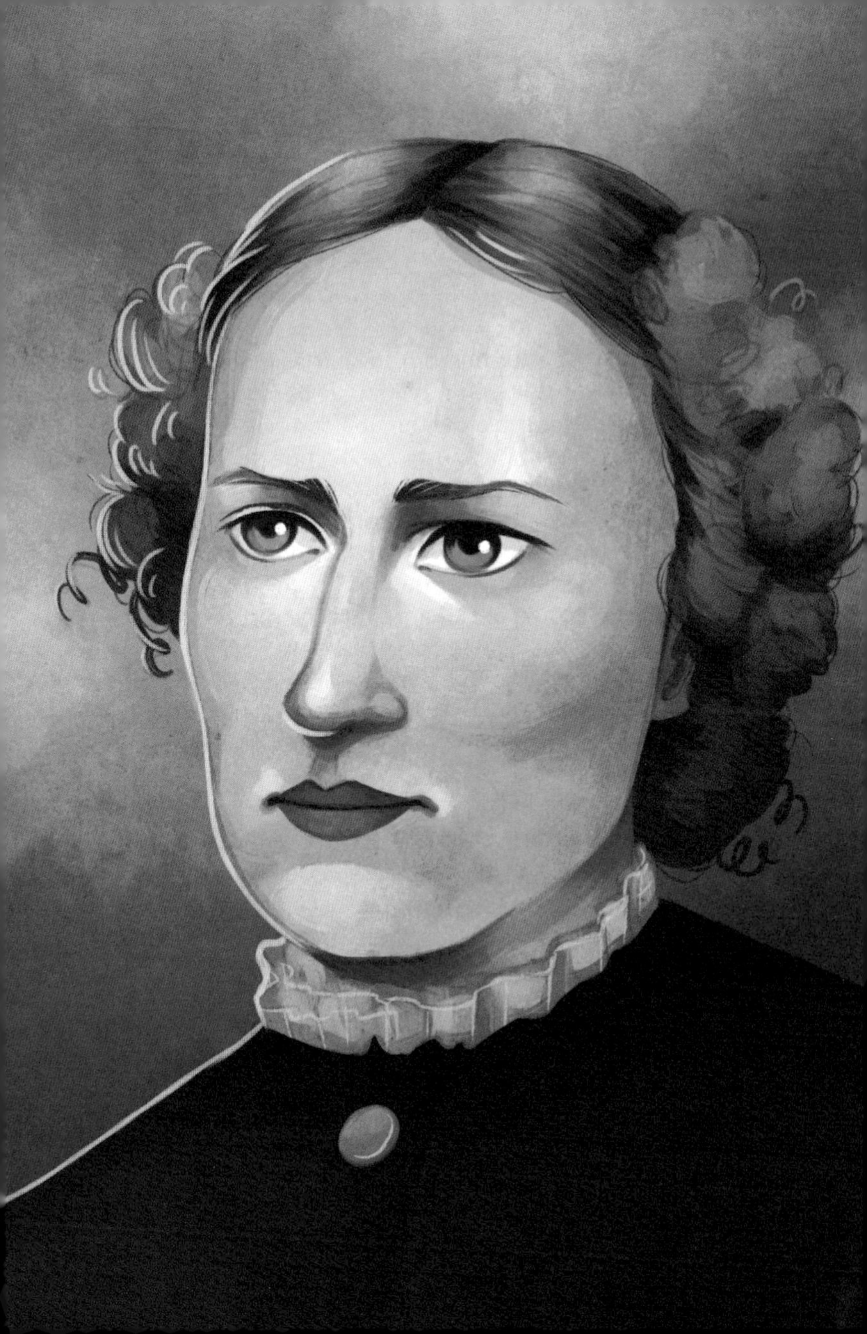

ANNE DUTTON

(1692-1765)

El siervo privado

Hoy, las mujeres sirven a Dios de muchas maneras. Algunas son misioneras, mientras que otras dan clases en iglesias y escuelas dominicales. ¿Conoces a alguna pastora? Hay muchas. Las mujeres son libres de servir a Dios como quieran. Pero eso no siempre fue así. En los tiempos de Anne Dutton, los hombres tenían las funciones principales en el servicio a Dios. Las mujeres ayudaban, pero rara vez lideraban.

Anne era una mujer sabia que amaba compartir de Dios con los demás. Si alguien necesitaba consejo, sabía qué decir. Su talento era escribir sobre Dios y su grandeza. Pero Anne estaba preocupada por su escritura. No porque no fuera lo bastante buena, sino porque no sabía si debía escribir. La mayoría de los hombres creían, y muchas mujeres también, que estaba mal que una mujer fuera escritora, que publicara cualquier cosa que llamara la atención sobre sí misma.

Después de pensárselo, Anne decidió que ella no escribía acerca de Dios para dirigir la atención sobre *sí misma*. ¡Ella escribía para dirigir la atención de todos a *él*! Así que escribió. Ana escribió libritos, poemas, cartas e himnos sobre Dios. Pero los escribió para compartirlos en privado, no como parte de la adoración pública.

Fue valiente e hizo lo que sabía que era correcto. Anne usó su talento para servir a Dios. Escribió para acercar a otros a él. Probablemente no verás el nombre de Anne Dutton entre las muchas mujeres famosas que sirvieron a Dios. Ella hacía su trabajo en silencio. Pero, en una época en que las mujeres no se animaban a servir a Dios en público, ella encontró una manera de servir. Gracias a sus escritos, otros llegaron a conocer y amar a Dios.

Tal vez no te gusta estar en el centro de atención. Tal vez no sea lo tuyo servir a Dios en público. No hay problema. Pregúntale a Dios cómo puedes servirle en silencio. Él está listo para darte una respuesta.

«Procuren ustedes que su luz brille delante de la gente, para que, viendo el bien que ustedes hacen, todos alaben a su Padre que está en el cielo».

Mateo 5:16

SARAH PIERPOINT EDWARDS

(1710-58)

Una buena esposa y madre

Al leer la Biblia, encontrarás muchas historias sobre reyes. Algunos eran malos. Otros, buenos. De la mayoría se habla en los libros de historia. Pero hay un rey en la Biblia que se menciona solo una vez. Era el rey Lemuel, y se encuentra en el libro de Proverbios, capítulo 31. No hay nada escrito sobre él. Pero tenemos el consejo de su madre sobre cómo elegir esposa. Lee Proverbios 31:10-31 y descubrirás algunas de las cosas que hace una buena esposa y madre. Una es que trabaja muy duro cuidando a su familia.

Sarah Edwards es recordada como ejemplo de buena esposa y madre. Vivió en las primeras colonias americanas, donde se casó con un famoso ministro, Jonathan Edwards. Él podía ser difícil, pero Sarah se mantuvo a su lado y lo ayudó a ser lo mejor posible.

El trabajo de criar a sus once hijos recaía sobre todo en Sarah. Además de administrar el hogar, también educaba a sus hijos en casa. Ella les enseñaba las asignaturas importantes y se aseguraba de que conocieran a Dios. Si tenía que castigar a uno de sus hijos, Sarah lo hacía con suavidad y tranquilidad, siempre con amor.

Sarah era una buena madre que no tenía idea del efecto que su labor maternal tendría en el mundo. El amor de sus hijos por Dios los llevó a todos a ser pastores o a casarse con un pastor. Entre sus muchos bisnietos hubo pastores, maestros, abogados, doctores, empresarios, jueces, alcaldes, senadores y hasta un vicepresidente de Estados Unidos. En una biografía sobre Sarah, la autora Elisabeth Dodds escribió: «¿Alguna otra madre ha contribuido más... al liderazgo de una nación?».

Ahora piensa en tu mamá o en otra mujer que ayudara a criarte. ¿Cómo te ha hecho mejor persona? ¿Le has dicho lo que significa para ti y le has dado las gracias?

HABLA CON SABIDURÍA Y ENSEÑA A LA GENTE A SER AMOROSA Y AMABLE [...]; CUIDA QUE TODO MARCHE BIEN EN LA CASA. SUS HIJOS HABLAN BIEN DE ELLA, Y SU ESPOSO LA ALABA.

PROVERBIOS 31:26-28 PDT

ELÍSABET (O ISABEL)

(LUCAS 1)

Confiaba en Dios

Si conoces la historia del nacimiento de Jesús, sabes que María se sorprendió cuando un ángel le dijo que daría a luz a Jesús, el bebé enviado milagrosamente por Dios.

Pero Jesús no fue el único bebé milagro que nació en esa época. La prima mayor de María, Isabel, también iba a tener un hijo. ¡Y estaba sorprendida! Isabel era anciana, demasiado mayor para tener un bebé. Aun así, iba a tenerlo.

Dios estaba armando un plan maravilloso.

Un ángel había visitado al esposo de Isabel, Zacarías. El ángel le dijo que tendría un niño al que debían llamar Juan. Este sería grande a los ojos de Dios, amaría a Dios y presentaría a Jesús al mundo. Zacarías no creyó al ángel ¡porque las mujeres de la edad de Isabel simplemente no tenían bebés! Pero Isabel creyó. Aunque no conocía el plan de Dios, confiaba en que tenía un plan *bueno*. ¡Iba a tener un bebé!

Cuando María se enteró de lo del bebé de Isabel, se apresuró a visitarla y le dijo que ambas iban a ser mamás. ¡Qué buena noticia! Isabel le dijo a María: «¡Dichosa tú por haber creído que han de cumplirse las cosas que el Señor te ha dicho!» (Lucas 1:45). Isabel tenía fe.

El pequeño Juan llegó unos seis meses antes de que naciera Jesús. Dios ya tenía un plan para él. Iba a ser Juan el Bautista, el profeta que hablaría del Hijo de Dios y prepararía al pueblo para encontrarse con él.

La madre de Jesús y la de Juan creyeron lo que el ángel de Dios dijo. ¡Y ambos milagros sucedieron! Eran parte del plan de Dios.

¿Eres como Isabel y María? ¿Confías en que Dios tiene un buen plan para ti incluso cuando sea difícil de creer?

«YO SÉ LOS PLANES QUE TENGO PARA USTEDES, PLANES PARA SU BIENESTAR Y NO PARA SU MAL, A FIN DE DARLES UN FUTURO LLENO DE ESPERANZA. YO, EL SEÑOR, LO AFIRMO».

JEREMÍAS 29:11

ELISABETH ELLIOT

(1926-2015)

Elisabeth, la valiente

¿Qué significa ser valiente? Tal vez pienses que ser valiente es hacer algo peligroso, como escalar montañas. Algunas personas valientes arriesgan sus vidas para salvar a otras. Luchar contra una enfermedad como el cáncer también es valentía. Pero ¿has pensado alguna vez que perdonar a alguien puede ser un acto valiente?

La historia de Elisabeth Elliot trata sobre un tipo de perdón valiente. Comienza en Ecuador en la década de 1950, cuando Elisabeth y su esposo, Jim, eran misioneros allí.

Jim quería contarles a todos acerca de Jesús, sobre todo a una tribu que vivía sola en lo profundo de la selva. Los aucas no confiaban en nadie que entrara en su territorio. Asesinaban a los intrusos. Pero Jim y varios otros misioneros se las arreglaron para convertirse en sus amigos, o al menos eso es lo que pensaban. De repente, los aucas se volvieron contra los cinco misioneros y los mataron con lanzas.

Te imaginarás que, después de eso, Elisabeth no querría saber nada de los aucas. Sin embargo, se quedó en Ecuador y vivió con otra tribu cerca de ellos. Allí conoció a dos mujeres aucas con las que entabló amistad. Confiaron en Elisabeth y en poco tiempo fue invitada a vivir con los aucas, la tribu que había matado a su marido. Elisabeth vivió con ellos pacíficamente y compartió la Palabra de Dios, la Biblia. Gracias a ella, muchos llegaron a conocer a Jesús como su Salvador.

Isabel creía que Dios la había llamado a perdonar a los aucas y continuar ministrándoles. ¡Dios *usó* a Elisabeth! Gracias a su perdón, los aucas aprendieron que Jesús vino y murió para perdonar sus pecados.

Elisabeth y Jim son ejemplos de lo que significa ser valiente. Arriesgaron sus vidas para salvar a los aucas de una muerte segura. Gracias a su valentía y al perdón de Elisabeth, muchos de los aucas disfrutarán de la vida en el cielo para siempre.

«A LOS QUE ESTÁN DISPUESTOS A ESCUCHAR, LES DIGO: ¡AMEN A SUS ENEMIGOS! HAGAN BIEN A QUIENES LOS ODIAN».

LUCAS 6:27 NTV

Ester

(Ester 2:1-9:25)

El secreto de la reina

La reina Ester le ocultaba un secreto a su marido: era judía. El rey pensó que su esposa era persa como las demás mujeres de su reino. No le gustaban los judíos y, si lo hubiera sabido, no se habría casado con ella.

El primo mayor de Ester, un judío llamado Mardoqueo, la había criado tras la muerte de sus padres. La única manera en que Mardoqueo podía ver a Ester y guardar su secreto era fingir que no eran parientes. A menudo pasaba por la puerta del palacio para echar un vistazo a Ester y asegurarse de que estaba bien.

Un día, Amán, un hombre malvado, ordenó a Mardoqueo que se inclinara ante él, pero este se negó. Solo se inclinaría ante Dios. Eso hizo enojar a Amán. Fue a ver al rey. «Los judíos son muy mala gente», le dijo. Convenció al rey para que ordenara matar a todos los judíos.

Mardoqueo tenía un mensaje para Ester. Le dijo lo que estaba pasando.

Tengo que decirle a mi esposo que soy judía, pensó Ester. *Debo convencerlo de que no mate al pueblo judío.* Le envió un mensaje a Mardoqueo: «Ora por mí. Iré a ver al rey, lo cual va contra la ley. Y si muero, que muera».

Era algo que daba miedo, pero Ester le confesó la verdad al rey. También le dijo que ella y Mardoqueo eran parientes.

¡Su marido conocía a Mardoqueo! De hecho, le debía la vida a Mardoqueo porque este denunció a unos hombres que conspiraban para matar al rey.

El rey cambió de opinión sobre lo de matar a los judíos. Les perdonó la vida a todos, gracias a que Ester dijo la verdad.

¿Alguna vez has tenido miedo de decir la verdad? No lo tengas. Es lo que hay que hacer. Cuando dices la verdad, puedes estar segura de que Dios está de tu lado.

El Señor aborrece a los mentirosos, pero mira con agrado a los que actúan con verdad.

Proverbios 12:22

Eva

(Génesis 2:4–3:24)

El gran error de Eva

Aprendemos lecciones importantes de nuestros propios errores y también de los errores de otros. La historia de Eva trata sobre un error que cambió el mundo para siempre.

Cuando Dios creó el mundo, hizo que todo fuera perfecto. Hizo a un hombre perfecto, Adán, para vivir en la tierra, y creó un hermoso jardín llamado Edén, donde Adán pudiera vivir. Dios puso allí toda clase de árboles hermosos con frutas deliciosas. En el centro del jardín, puso un árbol especial, el árbol del conocimiento del bien y del mal. Dios no quería que Adán supiera acerca de las cosas malas, así que le ordenó que nunca comiera el fruto de ese árbol. Luego, Dios creó a una mujer perfecta como ayuda para Adán. Era Eva.

Eva sintió curiosidad por el árbol de enmedio del jardín. Su curiosidad fue mayor cuando una serpiente engañosa le dijo que comer del árbol la haría como Dios, conociendo tanto el bien como el mal. La Biblia dice: «La mujer vio que el fruto del árbol era hermoso, y le dieron ganas de comerlo y de llegar a tener entendimiento. Así que cortó uno de los frutos y se lo comió. Luego le dio a su esposo, y él también comió» (Génesis 3:6).

¡Fue el peor error de la historia! Comer ese fruto les abrió los ojos a todo lo malo y permitió que el pecado entrara en el mundo. El error de Eva al desobedecer a Dios cambió el mundo para siempre. ¿Puedes imaginarte si todos hubieran permanecido perfectos y hubieran obedecido a Dios? ¡La tierra sería el cielo!

El error de Eva nos recuerda que debemos obedecer a Dios y hacer lo correcto.

Recuerda, Dios nos ama aunque no seamos perfectos. Él envió a Jesús para perdonar nuestros pecados para que un día podamos vivir con él en el cielo.

Piensa en ello. ¿Qué has aprendido de tus errores?

«No nos expongas a la tentación, sino líbranos del maligno».

Mateo 6:13

ELIZABETH FRY

(1780-1845)

El ángel de la prisión

Siendo niña, en Inglaterra, Elizabeth Fry no tenía ni idea de lo que era ser pobre. Su padre, un banquero, les daba a sus hijos todo lo que necesitaban y más.

Elizabeth tenía un corazón bondadoso y se preocupaba por los pobres. Cuando era adolescente, Elizabeth comparaba su vida con la de ellos y se preguntaba si existía Dios. ¡Dios sabía lo que ella estaba pensando! Puso en el corazón de Elizabeth la idea de hacer algo para ayudar.

Comenzó haciendo ropa para los pobres. En aquel entonces, los niños trabajaban duro en las fábricas para ganar un poco de dinero para sus familias. Elizabeth comenzó una escuela dominical para ellos y les enseñó a leer.

Al ser adulta, empezó a visitar a los pobres en sus casas. ¡Las condiciones eran espantosas! Elizabeth hacía lo que podía para ayudar, pero sentía que no era suficiente.

Dios tenía un plan para ella. La llevó a visitar una prisión de mujeres, y cuando Elizabeth vio aquel lugar tan sucio y terrible, encontró su propósito. Se convirtió en un ángel para las mujeres de allí. Oraba por ellas y con ellas, y les enseñaba a llevarse bien y a ser justas entre ellas. Cuando quisieron establecer una escuela en la cárcel, Elizabeth ayudó.

La ayuda a las presas hizo que Elizabeth se pasara la vida mejorando las condiciones de los pobres. Se hizo muy famosa, una celebridad. Y, gracias a eso, pudo conseguir ayuda de la reina y de otros líderes. Su misión creció por toda Europa. La vida en las prisiones mejoró. Muchos recibieron ayuda gracias a su bondad.

Elizabeth fue firme en sus opiniones. Nunca se rendía. Se enfrentaba a los que iban contra ella y conseguía que se hicieran las cosas. ¿Eres como ella? ¿Qué has hecho para ayudar a los demás?

EL SEÑOR DIOS [...] ME UNGIÓ CON ACEITE PARA ANUNCIAR LAS BUENAS NOTICIAS A LOS POBRES. ME HA ENVIADO A SANAR A LOS AFLIGIDOS.

Isaías 61:1 PDT

RUTH BELL GRAHAM

(1920-2007)

Una historia de amor

Cuando era adolescente, Ruth Bell ya tenía su vida planeada. Sería misionera entre los nómadas del Tíbet, China. (Los nómadas no tienen un hogar permanente. Llevan sus rebaños a alimentarse en pastos frescos). Los padres de Ruth eran misioneros en China, así que ella sabía que ser misionera era un trabajo duro. Aun así, es lo que quería.

Su plan cambió cuando, en la universidad, conoció a un joven y apuesto predicador llamado Billy Graham. Ruth se enamoró perdidamente de él. ¡Y él también de ella! Billy estaba seguro de que Dios había planeado que estuvieran juntos para siempre. Ella era «la elegida».

Billy tenía dos preguntas que le cambiaron la vida a Ruth. Primero: «¿Quieres casarte conmigo?». Después: «¿Renunciarás a tu sueño de ser misionera y me ayudarás a hacer crecer mi ministerio?». Ruth sintió en su corazón que eso era lo correcto para ella.

Renunciar a su sueño de irse al Tíbet, China no fue fácil. Ruth oró mucho al respecto y Dios la guio a responder sí a las dos preguntas. La pareja se casó en 1943.

¡Ruth pronto descubrió que ser la esposa de un predicador también era un trabajo duro! Pero ella fue mucho más que la esposa de Billy. Trabajó entre bastidores para ayudarlo a construir un gran ministerio que guio, y sigue guiando, a cientos de miles de personas a aceptar a Jesús en su corazón. Ella y Billy se convirtieron en el equipo perfecto. Donde él era débil, ella era fuerte. Juntos alcanzaron para Cristo a muchos más de los que Ruth habría alcanzado si hubiera ido al Tíbet, China.

La historia de amor de Ruth y Billy terminó cuando Ruth murió, sesenta y cuatro años después de casarse. Aunque estaban separados, Billy continuó amándola. Estaba seguro de que estarían juntos de nuevo en el cielo.

¿Qué es el amor verdadero? Lee 1 Corintios 13:4-7.

ÁMENSE UNOS A OTROS CON UN AFECTO GENUINO Y DELÉITENSE AL HONRARSE MUTUAMENTE.

ROMANOS 12:10 NTV

Betty Greene

(1920–97)

Piloto aventurera

En 1927, Charles Lindbergh se convirtió en el primer piloto en cruzar el Atlántico. Los estadounidenses vieron salir su avión de Nueva York. Lo celebraron cuando aterrizó en París. Más tarde, Betty Greene, de ocho años de edad, vio a Lindbergh en persona, y decidió que quería ser piloto y tener también aventuras.

Betty recibió el mejor regalo de su vida a los 16 años: lecciones de vuelo. Su sueño de pilotar un avión se hizo realidad, y ¡oh, cómo le gustaba volar! Quería trabajar como piloto, pero en aquellos días pilotar un avión no era un trabajo de mujeres. Sus padres animaron a Betty a ser enfermera, pero esa idea no le interesaba.

Ella persiguió su sueño. Su primer trabajo fue volar para el ejército estadounidense. Betty voló en misiones de prueba, sobre todo probando aviones a grandes altitudes. El trabajo peligroso no la asustaba. Tal vez se sentía más cerca de Dios en el cielo.

La fe cristiana de Betty la llevó al siguiente paso en su carrera como piloto. Ella y otros tres pilotos iniciaron un ministerio de aviación. Su idea era servir a los misioneros en otros países. Betty se convirtió en la primera piloto de la Mission Aviation Fellowship cuando se dispuso a llevar misioneros de California a la ciudad de México. Su trabajo la llevó a zonas remotas de la región amazónica, Sudán, Nigeria, Indonesia, treinta y dos países en total. Transportaba a misioneros a sus campamentos, les traía suministros médicos y alimentos, y llevaba a los enfermos y heridos a los hospitales. Durante dieciséis años, Betty realizó misiones de vuelo para el Señor. Lo que antes le parecía un sueño imposible se había convertido en realidad.

La historia de Betty nos recuerda que nada es imposible para Dios. Él tomó su sueño y lo convirtió en una manera asombrosa de servirle. La Mission Aviation Fellowship que Betty comenzó continúa hoy con 135 aviones que sirven a misioneros de todo el mundo.

«Pero para Dios todo es posible».

Mateo 19:26 NTV

Lady Jane (Juana) Grey

(1537-54)

La reina de los nueve días

En la Inglaterra medieval, algunos reyes y reinas llegaron a gobernar de manera solapada. Juana fue una de ellas. Su historia habla de cómo lo que otros querían la llevó a ser reina, ¡y también a morir! Sucedió en un momento en que protestantes y católicos estaban tan en desacuerdo sobre sus creencias que algunos fueron asesinados.

Juana nació en una familia real. Cuando tuvo edad, su padre arregló que se casara con el duque John Dudley. El primo de Juana, Eduardo, se convertiría en el rey Eduardo VI. Tenía una hermanastra llamada María. Todo esto es importante porque Juana, su padre, John y Eduardo eran protestantes. La hermana de Eduardo, María, era católica.

Eduardo tenía solo diez años cuando llegó al trono. Era un niño enfermizo y, cuando llegó a los quince años, yacía agonizante. María era la siguiente para asumir la corona, pero ni Eduardo ni el esposo de Juana, John, querían una reina católica. Así que John convenció a Eduardo para que hiciera reina a Juana. Ella no lo sabía, y no le agradó su plan. Pero, cuando Eduardo murió, heredó el trono.

Su reinado no duró mucho. María estaba furiosa. ¡Esa corona era suya! Consiguió convencer a otros poderosos de que ella debía ser la reina y, solo nueve días después de ser coronada, María echó a Juana.

La familia de la reina María y la de Juana estaban en fuerte desacuerdo sobre cuáles eran las creencias religiosas correctas. Cuando Juana habló en contra de lo que la reina creía, María ordenó su ejecución.

Mientras esperaba en la celda de la torre sabiendo que iba a morir, Juana no quiso renegar de sus creencias. Justo antes de ser decapitada, citó las palabras de Jesús desde la cruz: «¡Padre, en tus manos encomiendo mi espíritu!» (Lucas 23:46). Fueron sus últimas palabras.

Si fueras Juana, ¿habrías negado tus creencias para salvar la vida?

«Porque el que quiera salvar su vida, la perderá;
pero el que pierda la vida por causa mía, la encontrará».

Mateo 16:25

BETHANY HAMILTON-DIRKS

(1990-)

Ataque de tiburones

En la vida aparecen obstáculos, que nos fuerzan a buscar cómo superarlos o a retroceder. El 31 de octubre de 2003, Bethany Hamilton se enfrentó al mayor obstáculo de su vida. No tenía otra opción. Tenía que superarlo.

Bethany, de 13 años, fue a surfear esa mañana con su papá y su mejor amiga. Le encantaba el surf, y era buena. Vivía en Hawái, donde casi todo el mundo hace surf. Para cuando tenía ocho años, Bethany surfeaba a nivel de competencias. Pero esa mañana lo hacía solo por diversión. Estaba tumbada en su tabla de surf, con los brazos colgando en el agua, esperando una ola.

De repente, Bethany sintió una presión en su brazo izquierdo, y luego varias sacudidas. El agua a su alrededor se volvió roja. Le faltaba el brazo izquierdo, un tiburón la había mordido hasta el hombro.

Todo sucedió rápidamente. Bethany recuerda que el paramédico le dijo de camino al hospital: «Dios no te dejará ni te abandonará». Sus palabras eran ciertas. Bethany las creyó. Ella creía en Dios, y confiaba en él para que la ayudara a pasar los siguientes días, semanas, meses... ¿años? No sabía cuánto tiempo le quedaba de vida. Bethany había perdido casi el sesenta por ciento de su sangre. Pero, pasara lo que pasara, Dios estaba con ella.

Bethany vivió, y estaba decidida a no permitir que la pérdida de un brazo le impidiera surfear. Un mes después del ataque, volvía a estar sobre su tabla y seguía siendo una surfista increíble, tanto que ganaba competencias, y las sigue ganando. Hoy Bethany es esposa y madre. Practica el surf y da charlas sobre él, sobre el ataque del tiburón y sobre Dios.

Cuando te enfrentes a un obstáculo, recuerda que Dios está contigo. Confía en él para que te ayude.

«YO SOY QUIEN TE MANDA QUE TENGAS VALOR Y FIRMEZA. NO TENGAS MIEDO NI TE DESANIMES PORQUE YO, TU SEÑOR Y DIOS, ESTARÉ CONTIGO DONDEQUIERA QUE VAYAS».

JOSUÉ 1:9

ANA
(1 Samuel 1:1-2:1, 21)

Ana y la burladora

La Biblia está llena de pequeñas historias como la de Ana. Léelas con atención, o podrías perdértelas.

Ana y Peniná eran las esposas de Elcaná. (En ese entonces los hombres a menudo tenían más de una esposa). Peniná disfrutaba burlándose de Ana porque Peniná tenía hijos y Ana, no. Las burlas hicieron que Ana se pusiera muy triste, pero en vez de responderle y empeorar la situación, Ana trajo sus problemas ante Dios.

Fue al templo y oró para pedirle a Dios un hijo. Ana prometió que, si Dios le daba un hijo, ella se lo entregaría. Ella permitiría que se educara en el templo para crecer y servir a Dios.

El sumo sacerdote, Elí, vio a Ana llorando y orando. Quiso saber qué le preocupaba y la ponía tan triste. Ana le dijo que estaba afligida y que quería tener hijos. Elí oró por ella y le dijo: «Vete en paz [...], y que el Dios de Israel te conceda lo que le has pedido» (1 Samuel 1:17).

Entonces Ana se sintió mejor. Ya no estaba tan triste.

¡Dios respondió a la oración de Ana! Le dio un hijo. Ella lo llamó Samuel, que significa «pedido de Dios». Y Ana cumplió su promesa. Cuando Samuel tuvo edad suficiente, ella lo llevó al templo y le pidió al sacerdote Elí que lo criara y le enseñara a servir a Dios. ¿Te imaginas lo duro que debió de ser? Pero Ana confiaba en Dios y creía que Samuel llegaría a hacer grandes cosas. Y así fue. Samuel llegó a ser sacerdote, juez y profeta, una persona que habla por Dios.

Dios bendijo a Ana con cinco hijos más. ¿Y Peniná? La Biblia no dice nada más sobre la burlona.

Si alguien hiere tus sentimientos, sé como Ana. Cuéntaselo a Dios. Él te ama. Él te ayudará a quitarte la tristeza.

DIOS MÍO, AUNQUE ESTÉ ANGUSTIADO POR LOS PROBLEMAS, TÚ ME SALVARÁS;
ME PROTEGERÁS DE LA FURIA DE MIS ENEMIGOS.

SALMOS 138:7 PDT

Marion Harvey

(1660-80)

Rebelde por la libertad

Los padres de Marion Harvey la criaron en un hogar cristiano protestante. Aun así, Marion no quería a Jesús en su corazón. En su adolescencia, se rebeló e hizo cosas que Dios considera pecado. Pero un día ella escuchó a unos predicadores en los campos hablando de Jesús. Eran rebeldes también, pero en el buen sentido.

Marion vivió en Escocia en el siglo diecisiete, cuando el gobierno era católico y los reyes decretaron que todos debían ser católicos. Los predicadores de los campos se rebelaron contra el gobierno del rey y también contra algunas cosas que creían los católicos. Querían que la gente tuviera libertad para discrepar y seguir sus propias creencias.

Cuando Marion escuchó la predicación de la Biblia y entendió que Jesús es el único camino al cielo, le abrió su corazón a Jesús. Dejó de hacer cosas malas y se esforzó por obedecer a Dios. Asistía a esos cultos al aire libre, y aprendió de la Biblia y de Jesús gracias a aquellos predicadores. Su fe en Dios y su amor por Jesús se fortalecieron.

En el camino de regreso de un culto, los soldados del rey la detuvieron. Le preguntaron si conocía a los hombres que predicaban allí. Le preguntaron si pensaba como ellos. Marion defendió lo que creía. Respondió que sí a las preguntas de los soldados. Entonces la arrestaron y la metieron en la cárcel.

Los hombres del rey le hicieron muchas más preguntas. Cuando Marion dijo que Jesucristo es la cabeza de la Iglesia, los hombres del rey no necesitaron escuchar más. El gobierno la sentenció a morir ahorcada. Solo tenía veinte años.

Marion forma parte de los muchos hombres y mujeres que a lo largo de la historia han dado su vida por lo que creían.

¿Crees que Marion hizo bien en rebelarse contra la ley del rey? ¿Deben las personas tener libertad para discrepar y seguir sus propias creencias?

CRISTO NOS DIO LIBERTAD PARA QUE SEAMOS LIBRES. POR LO TANTO, MANTÉNGANSE USTEDES FIRMES EN ESA LIBERTAD Y NO SE SOMETAN OTRA VEZ AL YUGO DE LA ESCLAVITUD.

GÁLATAS 5:1

HULDÁ

(2 REYES 22:14-20; 2 CRÓNICAS 34:22-33)

La profetisa

La de Huldá es otra historia pequeña de la Biblia. No se escribe mucho sobre ella, pero lo que hizo fue trascendental.

Sabemos que vivió durante el reinado del rey Josías de Judá, un rey bueno que amaba a Dios. Llegó al reinado tras años —generaciones— de reyes malos. Josías tenía ocho años cuando llegó al trono y dieciocho cuando descubrió algo grande.

Mientras trabajaban en unas reformas en el templo, sus hombres encontraron un pergamino, «el libro de la ley». Este pergamino contenía las leyes de Dios dadas a Moisés muchos años antes. ¡Los reyes malvados lo habían escondido! Cuando Josías leyó las leyes, descubrió cuán desobedientes habían sido los judíos. Habían adorado a dioses falsos y habían hecho muchas otras cosas que Dios no aprobaba.

Huldá, esposa del encargado del vestuario del rey, era profetisa, una mujer con el don de hablar con Dios y transmitir sus palabras al pueblo. Josías envió a sus hombres a preguntarle qué tenía que decirle Dios al pueblo. Josías sabía que Israel había desobedecido la ley de Dios.

Huldá le dijo que Dios estaba enojado con su pueblo por las cosas que habían hecho. El libro de la ley decía que Dios castigaría a su pueblo por desobedecer. Pero, cuando Huldá habló con Dios, el Señor le dijo que estaba contento con Josías. Prometió suspender su castigo mientras Josías viviera.

Los hombres del rey le llevaron el mensaje de Dios y Josías creyó lo que dijo Huldá. Durante el resto de su vida, Josías quitó a los dioses falsos y guio a los israelitas para adorar a Dios de la manera correcta. Mientras vivió él, el pueblo siguió la ley y hubo paz.

Hoy, Dios nos habla a través de la Biblia. Léela y escucha a tu corazón. ¿Qué te está diciendo Dios?

«LLÁMAME Y TE RESPONDERÉ, Y TE ANUNCIARÉ COSAS GRANDES Y MISTERIOSAS QUE TÚ IGNORAS».

JEREMÍAS 33:3

ANNE HUTCHINSON

(1591-1643)

Pionera de los derechos de la mujer

Anne Marbury creció en Inglaterra en la época en que mandaba la Iglesia de Inglaterra y los puritanos se rebelaron. Sus padres le enseñaron a pensar por sí misma en lugar de seguir a la mayoría. Esto era especialmente importante en lo que respecta a la religión. Su padre no estaba de acuerdo con lo que la iglesia enseñaba, y animaba a Anne a cuestionar sus creencias ella también.

Cuando ya fue mayor, se casó con William Hutchinson. La pareja disfrutaba escuchando a un ministro puritano, John Cotton. A la Iglesia de Inglaterra no le gustaba John por sus enseñanzas, así que este cruzó el océano hacia la colonia de Massachusetts, en Estados Unidos. Anne y William lo siguieron. Pensaron que todos en la colonia tendrían total libertad para creer y adorar como quisieran. Pero no fue así.

El gobernador de la colonia, John Winthrop, imponía estrictas reglas puritanas. Eso significaba que las mujeres debían guardar sus creencias para sí y dejar que los hombres las dirigieran.

¡Pero Anne no iba a callarse! Tenía reuniones en su casa donde la gente podía hablar de religión. Cada vez iba más gente a sus reuniones. Muchos comenzaron a cuestionar las creencias de la Iglesia puritana de Boston, y eso molestó mucho al gobernador Winthrop.

Él decía que no está bien que una mujer enseñe a hombres, y juzgó a Ana por herejía, es decir, por enseñar algo que iba en contra de lo que la iglesia creía. En su juicio, Anne desafió las creencias de la iglesia de Boston. Respondió a las preguntas del gobernador citando versículos bíblicos. Winthrop consideró irrespetuosas las respuestas de Anne. La declararon culpable y la echaron de la colonia.

Anne Hutchinson fue una de las pocas mujeres puritanas lo suficientemente valientes como para hablar.

Piénsalo: fueron mujeres como Anne las que dieron a las mujeres de Estados Unidos valor para seguir hablando y luchando por lo que creen.

LEVANTA LA VOZ POR LOS QUE NO TIENEN VOZ; ¡DEFIENDE A LOS INDEFENSOS!

PROVERBIOS 31:8

La hija de Jairo

(Mateo 9:18-25; Marcos 5:21-43; Lucas 8:41-56)

«¡Niña, levántate!»

¿Quién fue la hija de Jairo? La Biblia no dice mucho de ella, ni siquiera su nombre, solo que tenía doce años y estaba muy enferma. A su padre, Jairo, le preocupaba que pudiera morir. Pero él creía que todavía había esperanza en Jesús. Confiaba en que Jesús podría curar a su hija si tan solo pudiera llegar hasta él y pedírselo.

Dondequiera que Jesús iba, la multitud lo seguía. Un mar de gente se interponía entre Jairo y Jesús. Se abrió camino entre ellos. Por fin, se acercó a Jesús y le dijo: «Mi hija acaba de morir; pero si tú vienes y pones tu mano sobre ella, volverá a la vida». Jairo sabía que el tiempo se estaba acabando para su niña.

Jesús fue con Jairo, y también la multitud. Todos querían ver lo que iba a hacer Jesús. Estaban casi en la casa de Jairo cuando Jesús se detuvo de repente. «¿Quién me ha tocado?», preguntó.

Una mujer que necesitaba ser curada se había abierto paso entre la multitud hasta Jesús y tocó su manto. Mientras Jesús hablaba con ella y la curaba, llegaron unos amigos de Jairo con malas noticias. Ya era tarde. ¡Su hijita había muerto!

¿Te imaginas cómo se sentiría Jairo? Si la multitud no se hubiera interpuesto en su camino, si Jesús no se hubiera detenido a curar a esa mujer, la hija de Jairo podría haber vivido.

«Jairo —le dijo Jesús—, no tengas miedo; solamente cree». Entonces Jesús fue con Jairo a su casa. Ordenó a la multitud que se quedara fuera. Jesús tomó la mano de la niña muerta y le dijo: «¡Niña, levántate!». Ella abrió los ojos, ¡estaba bien!

Su historia nos enseña sobre la paciencia. A menudo queremos que Dios nos dé de inmediato lo que queremos. Por más impaciente que estés por que Dios obre en tu vida, es importante que sigas orando, confiando y creyendo que él te ayudará.

Vivan alegres por la esperanza que tienen; soporten con valor los sufrimientos; no dejen nunca de orar.

Romanos 12:12

JOCABED

(ÉXODO 2:1-10)

Un bebé en una cesta

La historia de Jocabed sucede en una época en que el faraón de Egipto gobernaba sobre el pueblo de Dios, los israelitas. Jocabed, una israelita, acababa de dar a luz a un hermoso niño. Un bebé es algo que te da felicidad, pero Jocabed también tenía miedo.

El faraón, que no era un rey bueno, pensó que los israelitas podrían llegar a ser lo suficientemente poderosos como para derrocar su gobierno. Cada nuevo bebé varón significaba más posibles enemigos en el futuro. ¡Así que el faraón mandó que todos los niños israelitas fueran asesinados!

¡Claro que tenía miedo Jocabed! Escondió a su bebé por tres meses; al ir creciendo, Jocabed supo que no podía esconderlo para siempre. Le hizo una canasta de paja y alquitrán. Luego lo puso en ella y lo dejó entre las hierbas altas junto al río Nilo. Esperaba que alguien lo encontrara y le salvara la vida.

La hija mayor de Jocabed, María, se escondió cerca del río y observó a ver qué le pasaría a su hermanito.

¡En ese momento llegaron la hija del faraón y sus sirvientes! Oyeron llorar al bebé. La hija del faraón se acercó a él y sintió pena por el niño. «Es un israelita», dijo.

María salió de su escondite con un plan. «Si quieres quedártelo, encontraré una mujer israelita que lo críe hasta que crezca», dijo.

La hija del faraón estuvo de acuerdo.

¿Con quién volvió María? ¡Con su madre! Jocabed crio a su hijo hasta que dejó de ser un bebé. Luego se lo devolvió a la hija del faraón.

Ese niño fue Moisés, el hombre que sacó a los israelitas de Egipto y los liberó de la tiranía del faraón.

Dejar ir algo que amas siempre es difícil. Pero puedes confiar en que, cuando tienes que dejarlo, Dios está justo ahí. Él tiene un buen plan.

«PORQUE MIS IDEAS NO SON COMO LAS DE USTEDES,
Y MI MANERA DE ACTUAR NO ES COMO LA SUYA».

ISAÍAS 55:8

ESTHER JOHN

(1929-60)

Admiradora secreta

En 1929, una familia musulmana del sur de la India trajo a su nueva bebé al mundo. La llamaron Qumar Zia.

Qumar asistió a escuelas públicas en la India. Luego se cambió a una escuela cristiana. Se sintió maravillada cuando su maestro le habló abiertamente de Jesús. Todo lo que Qumar aprendió de él era nuevo. Comenzó a leer la Biblia y un día, mientras leía el libro de Isaías, Qumar recibió a Jesús en su corazón. Lo mantuvo en secreto. Si su familia supiera que Qumar amaba a Jesús y leía la Biblia, no lo aprobaría. La leía en secreto por la noche con una linterna bajo las sábanas.

Cuando Qumar se hizo mayor, su padre dispuso que se casara con un musulmán. Qumar no quería, así que se escapó de casa. Se fue a Paquistán y se cambió el nombre por el de Esther John. Creía que Dios la estaba guiando a ir a las pequeñas aldeas y contarles a los trabajadores del campo acerca de Jesús.

Esther se mudó con una pareja de misioneros estadounidenses, los White. A menudo iba en bicicleta a los pueblos cercanos, donde enseñaba a las mujeres a leer. Ella les hablaba de Jesús y de que él vino a salvarnos del pecado.

Durante el resto de su vida, Esther llevó las buenas nuevas de Jesús a la gente del campo. Nunca regresó a casa con sus padres, porque, cuando tenía solo treinta años, los White encontraron a Esther muerta en su habitación.

La gente de aquellas aldeas nunca se olvidó de Esther. La historia de su firme fe cristiana se extendió por todo el mundo. Hoy incluso hay una estatua suya en la abadía de Westminster, en Londres.

¿Cómo crees que se sintió Esther cuando supo acerca de Jesús? ¿Por qué crees que sintió que era importante compartir las buenas nuevas con otros?

Y [Jesús] les dijo: «Vayan por todo el mundo y anuncien a todos la buena noticia».

Marcos 16:15

ANN JUDSON

(1789-1826)

Tierras lejanas

Ann era una adolescente cuando aceptó a Jesús en su corazón. Estudiaba la Biblia y hablaba con Dios en oración. Ella quería que Dios la usara. Ana le pidió que la llevara a donde él quisiera que fuera.

Dios la oyó. Él ya tenía un plan para que fuera misionera en el otro extremo del mundo. Ann no iba a ser una de las *muchas* misioneras estadounidenses en el extranjero, ¡sería la primera!

Un joven ministro llamado Adoniram Judson fue la clave del plan de Dios. Él también quería ser misionero en el extranjero. Cuando conoció a Ann, Adoniram supo enseguida que compartían ese sueño de lugares lejanos. Se enamoraron, se casaron y navegaron a la India.

Cuando los Judson llegaron a la India, no fueron bienvenidos. En lugar de ir allá, fueron a Birmania (hoy Myanmar), un país entre la India y China. Dios nunca comete errores. Él sabía lo que estaba haciendo. Los quince millones de birmanos no habían oído hablar de Jesús. Ahora Dios tenía a Ann y Adoniram exactamente donde él los quería.

Birmania se convirtió en su hogar. El pueblo birmano aceptaba que Ana y Adoniram amasen a Jesús, pero ellos no lo querían para sí. A Ana le resultaba difícil encontrar palabras en su idioma para explicar que Jesús vino para que pudieran vivir para siempre en el cielo. Aun así, lo intentaba. Ana tradujo el Evangelio a su idioma. Poco a poco, la gente comenzó a aceptar a Jesús.

Ann también escribió sobre su trabajo en Birmania. Las mujeres estadounidenses leyeron sus historias, y muchas más decidieron hacerse misioneras en tierras lejanas. Esa fue la mejor parte del plan de Dios. Gracias a que Dios envió a Ann, hoy es normal que las mujeres estadounidenses le sirvan como misioneras en el extranjero.

¿Ves cómo Dios elaboró cada detalle de su plan? Él sabe exactamente qué hacer, y todo lo que hace es perfecto.

ÉL ES LA ROCA, SUS OBRAS SON PERFECTAS,
Y TODO LO QUE HACE ES JUSTO.

DEUTERONOMIO 32:4 PDT

Mary Jane Kinnaird

(1816–88)

Generosidad

¿Conoces a un niño que vive con alguien que no sean sus padres? Los padres de Mary Jane murieron cuando ella era pequeña. La criaron su abuelo, su hermano mayor y sus tíos. La familia de Mary Jane fue bendecida con dinero, así que también tuvo una institutriz.

El estudio bíblico era importante para Mary Jane. Su tío era predicador allí donde vivían, en Inglaterra, y cuando Mary Jane se hizo mayor se convirtió en su secretaria. Al mismo tiempo, comenzó a hacer planes para ayudar a otros. Seguro que su familia tenía suficiente dinero para ser generosa. El primer proyecto de Mary Jane fue una escuela de capacitación para sirvientes que hacían para otros tareas como cocinar, lavar la ropa y limpiar.

¡Ella tenía muchas ideas! Y Mary Jane las hizo realidad después de casarse con un hombre rico llamado Arthur Kinnaird. A él le gustaba estar rodeado de gente y a ella le gustaba trabajar entre bastidores. Formaban un gran equipo. Juntos recaudaron dinero para muchas buenas causas.

Pero fue su primer proyecto, la escuela de formación de sirvientes, lo que la llevó a algo maravilloso. Mary Jane la hizo crecer hasta que se convirtió en cuatro escuelas. Luego las combinó con un grupo de estudio bíblico. La organización se convirtió en la Asociación Cristiana de Mujeres Jóvenes, ¡la YWCA!

Seguro que has oído hablar de ella. Actualmente, la YWCA ayuda a mujeres y niñas de todos los orígenes a sacar el máximo provecho de su vida. Promueve el liderazgo y la idea de que todos somos iguales.

Mary Jane ayudó a otros con su dinero, pero hay otras maneras de ser generosos. ¿Puedes decir algunas? Su historia, junto con las otras de este libro, nos recuerda que a Dios no le importa cómo empieza uno en la vida. Él utiliza a todo tipo de personas para ayudar a otros, ricos y pobres, extrovertidos y tímidos, de todo tipo de familias.

PUES DIOS NO MUESTRA FAVORITISMO.

ROMANOS 2:11 NTV

ISOBEL KUHN

(1901-57)

Isobel y el ojo de la aguja

Las riquezas no siempre son dinero. Para algunas personas, sus cosas son sus riquezas. Para otros, su tiempo libre es su tesoro. Jesús dijo que lo que amamos en la tierra es temporal. Su promesa de vivir para siempre en el cielo es lo que de verdad hace a una persona rica. Uno se hace rico poniendo a Dios en primer lugar, haciéndolo más importante que nada o nadie.

Isobel Kuhn tardó un tiempo en darse cuenta de eso. Siendo una adolescente salvaje y rebelde, se volvió contra las fuertes creencias cristianas de sus padres. Isobel no estaba segura de si Dios existía, y no le importó hasta que estuvo deprimida tras una ruptura con su novio. Oró: «Dios, si existes, si me demuestras que eres Dios y me das la paz, te daré toda mi vida».

El cambio no ocurrió de la noche a la mañana, pero poco a poco Isobel aceptó la paz de Dios. Ella renunció a lo que creía que la hacía rica y se lo entregó a él. Isobel sintió que Dios la guiaba a la obra misionera en China, así que empacó sus maletas y se fue.

La vida allí no era fácil. Se enfrentaba a todo tipo de problemas, pero con cada obstáculo se acercaba más a Dios. La gente a la que ministraba era muy pobre. Algunos tenían insectos en sus casas, y, si visitaban a Isobel en su casa, sus hijos montaban un desastre. A Isobel le molestaban estas pequeñas cosas. Pero por fin aprendió a poner a Dios primero en todo. Todo lo que importaba era Dios y compartir con otros la buena nueva de Jesús.

La historia de Isobel nos recuerda otra cosa que dijo Jesús: «Es más fácil para un camello pasar por el ojo de una aguja, que para un rico entrar en el reino de Dios» (Marcos 10:25). ¿Qué crees que significa eso?

«ASÍ PUES, CUALQUIERA DE USTEDES QUE NO DEJE TODO LO QUE TIENE, NO PUEDE SER MI DISCÍPULO».

LUCAS 14:33

Jeanette Li

(1899-1968)

Mantente cerca de Dios

Cuando Jeanette Li era niña, en el sur de China, su padre, que era budista, adoraba a ídolos en lugar de al único Dios verdadero.

Jeanette oyó hablar de Jesús cuando tenía siete años y estaba enferma de fiebre. En un hospital misionero, los médicos le dijeron que Dios envió a Jesús a morir en la cruz para que todos pudieran ser perdonados de sus pecados y vivir en el cielo con él para siempre. Jeanette quería ese tipo de perdón. Oró e invitó a Jesús a entrar en su corazón. Después de eso, Jeanette asistió a una escuela cristiana y fue bautizada a la edad de diez años. Su madre se convirtió a Cristo y también fue bautizada. Su nueva vida en Cristo era maravillosa, pero tenía un precio. Su familia los repudió porque se habían apartado de la religión budista. Eso les dolió, pero ellos creían que nada, ni siquiera su familia, podía apartarlos de Dios.

A veces, sin darnos cuenta, nos alejamos de Dios por descuido. Eso le pasó a Jeanette. Estudió mucho para hacerse maestra, y todo ese estudio la alejó de la oración y la lectura de la Biblia. Afortunadamente, Jeanette se dio cuenta de que se estaba distanciando de Dios y se concentró en permanecer cerca de él.

Dios usó a Jeanette por el resto de su vida para compartir las buenas noticias sobre Jesús. La vida era difícil a veces, pero, siempre que necesitaba algo, Dios estaba ahí para ayudarla. En su autobiografía, Jeanette escribió: «En cada período de mi vida, he encontrado que Dios es suficiente para cada una de mis necesidades, para mi ayuda en cada debilidad».

Si te encuentras a la deriva, piensa en Jeanette y recuerda: mantente cerca de Dios. Para cualquier cosa que necesites, él proveerá, así como lo hizo con ella.

«Pidan, y Dios les dará; busquen, y encontrarán; llamen a la puerta, y se les abrirá».

Mateo 7:7

LOIDA

(2 TIMOTEO 1:5)

La abuela Loida

Muchos de los libros del Nuevo Testamento, en la Biblia, son cartas escritas por un cristiano llamado Pablo. Le predicaba sobre Jesús a cualquiera que quisiera escuchar. Pablo se mantuvo fiel a Jesús aun cuando los incrédulos lo golpearon y lo arrojaron a la cárcel.

Mientras estaba en la cárcel, Pablo pasaba el tiempo escribiendo cartas en que animaba a sus amigos a mantenerse fuertes en su fe. Solo encontrarás el nombre de Loida una vez en la Biblia, en una carta que Pablo le escribió a su amigo Timoteo. Pablo era como un padre para Timoteo. Compartió sabios consejos con este joven amigo cristiano, y, en su carta, Pablo también escribió sobre la fe de Timoteo. Dijo: «Porque me acuerdo de la fe sincera que tienes. Primero la tuvieron tu abuela Loida y tu madre Eunice» (2 Timoteo 1:5).

Por las palabras de Pablo, sabemos que Loida era la abuela de Timoteo y que tenía una «fe sincera». También le enseñó a Timoteo a tener ese tipo de fe. Eso es todo lo que la Biblia nos dice sobre Loida. Probablemente era como muchas abuelas de hoy que aman a sus hijos, a sus nietos ¡y a Jesús!

Una abuela como Loida es una mujer mayor que cree sin duda que Jesús es el único camino al cielo. Confía en Jesús como Salvador y lo ama porque él nos ama. Y, cuando su fe es puesta a prueba, una abuela como Loida se mantiene fuerte. ¡Nada puede impedirle que confíe en Dios! Ella quiere que sus hijos y nietos también tengan una fe verdadera. Así que les enseña acerca de Jesús y los lleva a confiar en él.

Las abuelas cristianas son a menudo muy sabias. Han aprendido a mantenerse fuertes cuando se pone a prueba su fe. Tal vez conozcas a una mujer mayor, como la abuela de Timoteo, Loida, que ama a Jesús. ¿Qué podrías aprender de ella? Pídele que hable contigo sobre la fe verdadera.

POR ESO, ACERQUÉMONOS A DIOS CON CORAZÓN SINCERO Y CON UNA FE COMPLETAMENTE SEGURA.

HEBREOS 10:22

Katharine von Bora Luther

(1499-1552)

«Querida Kate»

Imagínate esto: Solo tienes tres años y tu familia te envía a una escuela de un convento. Pasas tu infancia allí y, cuando eres adolescente, haces lo que tu familia espera de ti. Haces tus votos y te conviertes en monja. No eres feliz. Quieres salir. Pero escapar del convento es peligroso. Si te atrapan, podrías pasarte la vida en la cárcel.

Así comienza la historia de Katharine von Bora en la Alemania del siglo dieciséis. Era la época en que los protestantes luchaban por separarse de la Iglesia católica. Uno de los líderes protestantes más conocidos fue Martín Lutero. Katharine se puso en contacto con él en secreto y le pidió ayuda.

Lutero armó un plan. La noche anterior a la Pascua de 1523, Katharine escapó escondida en un barril de pescado vacío en la carreta de un mercader. La llevaron ante Lutero, que no sabía qué hacer con ella. Esconderla era delito. Su familia la había repudiado. Las únicas opciones que quedaban eran el matrimonio o el convento. Quizás podría encontrarle un marido. Esas ideas fracasaron, así que Martín Lutero se casó con ella.

Llegaron a amarse profundamente. Lutero la llamaba su «querida Kate». Sabía que ella era inteligente. Le dio el control total de la casa, algo inaudito en aquel entonces, y escuchó sus consejos, algo que los hombres de esa época rara vez hacían. Katharine apoyó a su marido y ayudó a los protestantes a formar una nueva iglesia.

Katharine fue una mujer fuerte que, por ejemplo, animaba a otras mujeres a fortalecerse en sus matrimonios. No tenía miedo de hablar y defender lo que creía. Sirvió bien a su familia.

¿Qué crees que significa para una mujer servir a su familia? ¿Qué la hace fuerte?

Mujer ejemplar no es fácil hallarla;
¡vale más que las piedras preciosas!
Proverbios 31:10

LIDIA

(HECHOS 16:12-15, 40)

La primera cristiana de Europa

¿Te gusta el color púrpura? Si dijiste que sí, entonces tú y Lidia tienen algo en común. La Biblia dice que Lidia vendía telas de color púrpura. Eso no nos dice mucho de ella, pero, al considerar que Lidia vivió en el siglo primero, podemos asumir algunas otras cosas. Tenía un negocio, algo poco común para las mujeres de su tiempo. Y probablemente tenía dinero, porque el púrpura era el color que usaba la realeza, y los ricos compraban su ropa.

Lidia vivía en Filipos, una ciudad grande e importante de Macedonia (hoy, Grecia) gobernada por los romanos. En un sueño, Pablo, el seguidor de Jesús, escuchó a un hombre decirle que viajara a Filipos y compartiera las buenas nuevas de Jesús. Así que Pablo fue y se llevó a su amigo Timoteo.

Algunas personas de Filipos creían en el único Dios verdadero, pero no habían oído hablar de Jesús. Lidia era una de ellas. Un día fue con algunas mujeres a una zona tranquila cerca de un río para orar. Allí conoció a Timoteo y a Pablo. Ella escuchó mientras Pablo hablaba de que Jesús era el único camino al cielo. Lidia creyó sus palabras e invitó a Jesús a su corazón.

¡Fue la primera persona de Europa en convertirse al cristianismo! Pero su historia no termina ahí. Invitó a Pablo y a Timoteo a quedarse en su casa. Se lo pidió muchas veces. ¡Insistió! Así que fueron y le contaron más sobre Jesús. Entonces Lidia se lo contó a otros y ayudó a difundir la buena nueva. Mientras Pablo estuvo en Filipos, él y sus amigos fueron siempre bienvenidos en su casa.

Piensa en ello. ¿Y si Pablo no hubiera ido a Filipos? ¿Crees que las buenas nuevas se habrían extendido más allá del pueblo judío por toda Europa y el mundo?

POR EL EVANGELIO DIOS LLAMA A TODAS LAS NACIONES A PARTICIPAR,
EN CRISTO JESÚS, DE LA MISMA HERENCIA, DEL MISMO CUERPO
Y DE LA MISMA PROMESA QUE EL PUEBLO DE ISRAEL.

EFESIOS 3:6

CATHERINE MARSHALL
(1914-83)
Escritora cristiana

A menudo, Dios reúne a personas en el presente como parte de su plan futuro. Por ejemplo, el día que tus padres se conocieron, no sabían que serías parte de su futuro. ¡Pero aquí estás! Dios ya sabía que tú serías su hija. Dios lo sabe todo sobre ti. Ya tiene un plan para tu vida.

Cuando Catherine Wood asistió a la universidad en Georgia, conoció a un joven predicador escocés llamado Peter Marshall. Se casaron, y Catherine vivió su vida como esposa de un predicador. Poco después le pidieron a Peter que pastoreara una iglesia en Washington, DC.

Catherine no tenía idea de lo famoso que sería su marido. A la gente le encantaban sus sermones. El Senado de Estados Unidos le pidió a Peter que fuera su capellán, y él sirvió allí hasta que murió de un ataque al corazón a la temprana edad de cuarenta y seis años.

Tras su muerte, Catherine pasó a ser una madre viuda criando a su hijo de nueve años. Se sentía más cercana a Peter leyendo sus propias notas y diarios escritos durante su tiempo con él. Catherine quería mantener viva su memoria, así que publicó un libro con los mejores sermones de Peter. En seguida se convirtió en un éxito de ventas.

Ese libro fue el primero de muchos que escribió Catherine. Durante el resto de su vida, escribió libros de no ficción, biografías y novelas para adultos, niños y adolescentes. Uno de sus libros, *Un hombre llamado Peter*, se convirtió en una película. Su libro *Christy* se convirtió en una serie de televisión.

Cuando Catherine conoció a Peter, no sabía que casarse con él la llevaría a convertirse en una de las escritoras cristianas más famosas de todos los tiempos. Pero todo estaba en el plan de Dios.

Solo Dios sabe lo que tiene planeado para ti. ¿Te preguntas a quién vas a conocer? ¿Estás emocionada por ver a dónde te llevará Dios?

TÚ VISTE FORMARSE CADA PARTE DE MI CUERPO; TODO YA ESTABA ESCRITO EN TU LIBRO.

SALMOS 139:16 PDT

Marta

(Lucas 10:38-42)

¡Ya vienen los invitadosi!

Cuando vienen invitados a tu casa, ¿cómo te preparas? Haces todo lo posible para que se sientan bienvenidos. Te esfuerzas por ser cálida, generosa y amable. Hacer que los invitados se sientan bienvenidos se llama hospitalidad, y es algo bueno.

¿Y si tu invitado fuera Jesús?

María y Marta eran hermanas y muy buenas amigas de Jesús. Vivían juntas y, siempre que Jesús y sus discípulos venían a su pueblo, Jesús se quedaba con ellas.

Marta era toda hospitalidad. Imagina cuánto se inquietó cuando Jesús llegó a su pueblo. No la habían avisado. No había teléfonos inteligentes ni computadoras en ese entonces. Jesús no podía llamar ni enviar un mensaje de texto para decir que venía. Apareció sin más. Y, cuando lo hizo, Marta se puso a trabajar.

Cuando Jesús llegó, Marta estaba haciendo la cena. Ella y María le dieron la bienvenida a su amigo. Mientras Marta volvía a preparar una buena comida, María se sentó junto a Jesús y escuchaba sus palabras.

Eso molestó a Marta. Allí estaba ella, trabajando duro, ¡y María no hacía nada! Marta se acercó a Jesús y le dijo: «¿No te preocupa nada que mi hermana me deje sola con todo el trabajo? Dile que me ayude».

Jesús respondió: «Marta, Marta, estás preocupada y te inquietas por demasiadas cosas, pero solo una cosa es necesaria. María ha escogido la mejor parte, y nadie se la va a quitar» (Lucas 10:40-42).

La historia de Marta nos recuerda que Jesús debe ser nuestra primera prioridad. Si estás demasiado ocupada para pasar tiempo con él todos los días orando y leyendo sus palabras en la Biblia, haz una pausa y acuérdate de Marta. Haz que el tiempo que pasas con Jesús sea lo más importante.

«Así que no se preocupen ni digan: "¿Qué vamos a comer?" o "¿Qué vamos a beber?" o "¿Qué ropa vamos a usar?" [...]. Primero busquen el reino de Dios y su justicia, y se les dará todo lo que necesitan».

Mateo 6:31, 33 PDT

María, madre de Jesús

(Lucas 1:26-38)

Confianza inquebrantable

Incluso los que no leen la Biblia conocen la historia de María. Es una lección acerca de confiar en Dios cuando no entiendes por qué él te ha llevado a una situación increíble.

María era una joven que planeaba su boda. Ella y su prometido, José, se habían hecho promesas; por ejemplo, que no tendrían un bebé hasta después de casarse. Hasta entonces serían como hermanos.

María se enteró del plan de Dios un día que comenzó como cualquier otro. Estaba haciendo su trabajo cuando el ángel de Dios, Gabriel, apareció de la nada. Le dijo: «¡Salve, llena de gracia! El Señor está contigo» (Lucas 1:28).

María estaba muy asustada.

El ángel le dijo: «No tengas miedo, María, porque Dios está contento contigo. ¡Escúchame! Quedarás embarazada y tendrás un hijo a quien le pondrás por nombre Jesús. Tu hijo será un gran hombre, será llamado el Hijo del Altísimo [...]. Reinará por siempre sobre todo el pueblo de Jacob y su reinado no tendrá fin» (Lucas 1:30-33 PDT).

—¿Pero cómo puede pasar esto? —preguntó María—. José y yo no estamos casados.

—¡Para Dios nada es imposible! —dijo el ángel (Lucas 1:37 PDT). Le explicó que el Espíritu de Dios pondría misteriosamente al bebé dentro de ella. Dios sería el padre del bebé.

¿Puedes imaginarte confiar en un ángel de Dios que te dijera algo tan increíble? Pero María confió. Confió en Dios aun cuando su propósito no estaba claro. «Soy la sierva del Señor, que esto suceda tal como lo has dicho», le dijo al ángel (Lucas 1:38 PDT).

Tal vez por eso Dios escogió a María como madre de Jesús, por la gran confianza que tenía en él.

Tómate un minuto para examinar tu confianza en Dios. ¿Es fuerte como la de María?

El Señor es mi luz y mi salvación, ¿de quién podré tener miedo?
El Señor defiende mi vida, ¿a quién habré de temer?
Salmos 27:1

María Magdalena

(Marcos 16:9; Lucas 8:2; Juan 20:1-18)

María la agradecida

¿Tienes más de un amigo con el mismo nombre? Tal vez conozcas a dos Emmas o dos Ethans. ¿Cómo los describes para que otros sepan a qué amigo te refieres? «Emma, la que vive al final de la calle». «Ethan, el hermano de Sophia». ¿Los llamas por sus apellidos?

Hay seis Marías en la Biblia. Tres de ellas son bien conocidas en las historias sobre Jesús. Son María, la madre de Jesús; María, la de la aldea de Betania; y María Magdalena, la de un lugar llamado Magdala, cerca del mar de Galilea.

Si hubieras conocido a María Magdalena, la habrías llamado «María la agradecida». Su historia comienza de una manera terrible. La Biblia dice que estaba poseída por siete demonios, y Jesús los echó fuera (Marcos 16:9; Lucas 8:2). Apenas podemos imaginar lo que eran esos «demonios», pero la enfermaron. La vida de María era horrible. Jesús la sanó y ella estaba agradecida. Sabemos que María amaba a Jesús, porque se convirtió en una de sus seguidoras.

Su historia continúa el día en que Jesús murió en la cruz. María estuvo allí. Qué triste debió de sentirse al verlo sufrir. Qué terrible cuando murió. Sus amigos pusieron el cuerpo de Jesús en una tumba en una cueva y la sellaron con una roca.

Tres días después, María fue a la tumba y encontró que habían retirado la roca. El cuerpo de Jesús había desaparecido. «¿Dónde lo han puesto?», preguntó ella, llorando. Entonces María se volvió y vio a Jesús allí de pie con vida. «¡Maestro!». Oh, cuán agradecida estaba de verlo. Él había regresado, tal como les prometió a sus seguidores.

Jesús le dijo a María Magdalena que difundiera la buena nueva, y se la conoció como la primera persona en decir a los demás: «¡Está vivo!».

¿Cómo te sentiste la primera vez que escuchaste las buenas nuevas?

Dios resucitó a Jesús de la muerte. Y si el Espíritu de Dios vive en ustedes, el mismo que resucitó a Cristo le dará vida a su cuerpo mortal.

Romanos 8:11 PDT

María de Betania
(Juan 11:1-44)

Cuando Jesús lloró

María, Marta y su hermano Lázaro eran amigos íntimos de Jesús. Cada vez que Jesús venía a Betania, se quedaba con ellos.

Un día, Lázaro se enfermó. Sus hermanas temían que muriera, así que mandaron llamar a Jesús. Estaban seguras de que Jesús lo sanaría.

Cuando Jesús lo oyó, decidió esperar. Esperó hasta que supo que Lázaro estaba muerto, y entonces fue a Betania.

Marta corrió a su encuentro. «Si hubieras venido enseguida, Lázaro estaría vivo», dijo.

—Él resucitará y vivirá de nuevo —dijo Jesús.

Marta pensó que se refería a que Lázaro volvería a vivir en el cielo.

—Marta, ¿crees que soy el Hijo de Dios? —preguntó Jesús.

—Sí —dijo ella.

Entonces llegó María con lágrimas en su rostro y los ojos hinchados de llorar. Cuando Jesús vio lo triste que estaba su amiga, también lloró. A Jesús se le partía el corazón de ver su dolor. Pero tenía una buena razón para esperar hasta que Lázaro muriera. Jesús estaba a punto de demostrar a los incrédulos de Betania que él realmente era el Hijo de Dios.

Fue con las hermanas a la tumba de Lázaro. Muchos de los vecinos también fueron. Entonces Jesús oró y clamó en voz alta: «Lázaro, sal fuera».

Lázaro salió, vivo y en perfecto estado.

Los aldeanos corrieron a contarles a los demás lo que Jesús había hecho.

¿Por qué lloró Jesús cuando vio las lágrimas de María? Jesús la amaba. No quería que se sintiera triste. Aun así, hizo lo que sabía que era mejor para llevar a otros a creer en él.

¿Alguien a quien amabas hizo alguna vez algo por tu propio bien que te hizo llorar? ¿Crees que tus lágrimas hicieron que esa persona se sintiera triste también?

«Secará todas las lágrimas de ellos, y ya no habrá muerte, ni llanto, ni lamento, ni dolor».

Apocalipsis 21:4

Henrietta Mears

(1890-1963)

Maestra amorosa

¿Cuánto tiempo pasas con tus profesores? ¡Mucho!

El trabajo de un maestro es preparar a los niños para ser adultos. Un buen profesor trata de entenderte como persona y ayudarte a ser lo mejor posible.

Henrietta Mears era esa clase de maestra.

Ella amaba a Dios, y a los cinco años recibió a Jesús en su corazón. Henrietta enseñó su primera clase de escuela dominical cuando tenía doce años. Le gustaba enseñar, y era buena en eso. Henrietta decidió asistir a la universidad y aprender a ser una maestra aún mejor. Mientras estaba allí aprendiendo, se dio cuenta de cuántos niños y adultos todavía no habían invitado a Jesús a entrar en sus corazones. Así que, a pesar de lo ocupada que estaba con sus propias tareas escolares, Henrietta aún tenía tiempo para enseñar en la escuela dominical.

Después de graduarse en la universidad, Henrietta enseñó a estudiantes de secundaria. Amaba a «sus hijos» y quería hacer algo más que enseñarles. Henrietta quería saber qué había en sus corazones. Quería conocer a cada alumno como persona, así que creó y participó en actividades escolares divertidas como obras de teatro, recaudaciones de fondos y proyectos especiales para conocer mejor a sus estudiantes. ¡Hasta formó un equipo de fútbol! Y, siempre que podía, Henrietta guiaba a los chicos hacia Jesús.

Aunque le encantaba enseñar en la escuela secundaria, Henrietta sentía que Dios le decía que siguiera adelante. Entró en el ministerio en la Primera Iglesia Presbiteriana de Hollywood, California. Su trabajo era mejorar la escuela dominical y enseñar a otros a ser maestros de escuela dominical. Henrietta era tan buena en su trabajo que venían miles de niños y adultos a aprender sobre Jesús.

¿Tienes una profesora favorita? ¿Cómo te ha ayudado a ser mejor?

Dale buena educación al niño de hoy,
y el viejo de mañana jamás la abandonará.

Proverbios 22:6

María, hermana de Moisés

(Éxodo 2; 15:20-21; Números 12)

Hermanos que se portan mal

Cuando el faraón de Egipto decidió que los israelitas se estaban volviendo demasiado poderosos, ordenó a sus hombres que mataran a todos los niños varones judíos. María salvó la vida de su hermanito. Ayudó a encontrar una manera de mantener vivo a Moisés. Gracias a ella, Moisés se convirtió en un gran líder de los israelitas.

María y Moisés tenían otro hermano llamado Aarón. Los tres vivían cerca de Dios. Cuando Dios le dijo a Moisés que sacara a los israelitas de la esclavitud del Egipto del faraón, Moisés, María y Aarón fueron juntos, guiando al pueblo de Dios. Con los soldados del faraón persiguiéndolos, Dios abrió de par en par el mar Rojo, dejando un camino en seco para que los israelitas lo cruzaran. Luego lo cerró, atrapando al ejército del faraón. Cuando estuvieron a salvo al otro lado, María guio a las mujeres a adorar y dar gracias a Dios (Éxodo 15:20-21).

Escapar de Egipto fue el comienzo de un largo y duro viaje para los israelitas. Durante cuarenta años, deambularon esperando entrar en la tierra especial que Dios les había prometido.

Dios escogió a Moisés para guiar a su pueblo. Eso puso celosos a Aarón y María. Después de todo, era el pequeño de la familia ¿Por qué Dios no había puesto también su confianza en ellos?

Se quejaron de Moisés y, cuando Dios se enteró, bajó en una nube. Se paró a la puerta de su tienda y les ordenó que salieran. «Ahora, escúchame», dijo Dios. Entonces, Dios dejó claro que estaba enojado con ellos por hablar en contra de su hermano. María debió de haber dicho cosas realmente malas sobre Moisés, porque Dios le dio una semana de «tiempo muerto».

La historia de María nos recuerda que debemos apoyar y amar a nuestros hermanos y hermanas todo el tiempo. Si estás enojada o celosa con tu hermano o hermana, habla de ello con Dios y pídele ayuda.

Hermanos, no se sigan quejando unos de otros para que no sean declarados culpables. Miren, el juez está esperando en la puerta, listo para entrar.

Santiago 5:9 PDT

LOTTIE MOON

(1840-1912)

Lady galletitas

Imagínate usando una vara de medir para saber la altura de alguien. Un metro son treinta y seis pulgadas (tres pies) de largo. Ahora agrega doce pulgadas (treinta centímetros). Así de alta era Lottie Moon. De adulta, llegó a poco más de metro y medio. Pero ser pequeña no le impidió alcanzar los grandes planes que Dios tenía para ella.

Lottie creció en Virginia. Sus padres eran ricos propietarios de plantaciones, y bautistas del sur. La mamá de Lottie se aseguró de que Lottie supiera de Jesús, pero a Lottie no le interesaba. A menudo se sentía insegura sobre lo que quería hacer. Incluso cuando decidió ir a la universidad, Lottie fue a varias escuelas antes de decidirse por una y se tomó en serio sus estudios, y también a Jesús. Por fin, le abrió su corazón después de escuchar a unos predicadores en su escuela.

Amaba a Jesús y quería trabajar en China como misionera, pero las mujeres solteras no solían servir como misioneras en el extranjero. Aun así, Dios hizo posible que Lottie se fuera.

En China, donde había pocos creyentes en Jesús, a Lottie le resultó difícil animarlos a aceptar a Cristo como su Salvador. Descubrió que primero necesitaba ser su amiga y mostrarles, en vez de decirles, cómo ser cristianos. Se mudó a una pequeña aldea en el campo chino y trató de ser amable con la gente de allí. A menudo horneaba galletas. Cuando los niños olían los deliciosos dulces, iban a su casa, y al poco tiempo Lottie conocía a sus madres. Mientras ella hacía amigos, la gente comenzó a escuchar sus historias sobre Jesús, y muchos lo aceptaron en sus corazones.

Tal vez conozcas a personas que necesitan a Jesús. No eres demasiado joven ni demasiado pequeña para marcar la diferencia. Sé como Lottie. Da un buen ejemplo. Pídele a Dios que te ayude a guiarlos a Cristo.

SIGAN MI EJEMPLO, ASÍ COMO YO SIGO EL EJEMPLO DE CRISTO.

1 Corintios 11:1 PDT

La sirvienta de Naamán

(2 Reyes 5)

Dios todopoderoso

Todo el mundo tiene problemas a veces. No importa quién seas. Incluso los líderes más poderosos se enferman o tienen otros problemas. ¡Jesús lo sabía! Dijo a sus seguidores: «En el mundo, ustedes habrán de sufrir; pero tengan valor: yo he vencido al mundo» (Juan 16:33).

En los tiempos bíblicos, Naamán, un líder del ejército sirio, tenía una terrible enfermedad de la piel. ¿Podría alguien curarlo?

Unos soldados sirios asaltaron una casa y secuestraron a una joven judía. Se convirtió en sierva de la esposa de Naamán. La Biblia no dice su nombre, pero sabemos que amaba a Dios y que confiaba en Eliseo, uno de los profetas de Dios en Israel. Cuando la muchacha vio lo desgraciado que era Naamán, le dijo a su esposa: «Si mi amo fuera a ver al profeta que está en Samaria, quedaría curado de su lepra» (2 Reyes 5:3).

Naamán no creía en el único Dios verdadero, pero estaba dispuesto a intentar lo que fuera.

El sonido de los caballos y carros de Naamán se acercaba a la casa de Eliseo. Cuando se detuvieron, Naamán fue a la puerta de Eliseo. Pero este no salió. En su lugar, envió a un hombre que le dijo a Naamán que se lavara siete veces en el sucio río Jordán.

¿Qué? ¡De ninguna manera! Naamán esperaba que Eliseo levantara su mano y sanara la enfermedad. Se enojó y quería irse, pero sus sirvientes lo convencieron de que hiciera lo que Eliseo dijo. Y Naamán se lavó en el río, ¡y fue sanado! Comprendió entonces el poder del Dios único. A partir de ese día, Naamán fue creyente, gracias a una sirvienta que compartió con valentía su confianza en el poder de Dios.

Si alguien que conoces tiene problemas, sé como la sirvienta y ayuda a esa persona a no desmayar. Recuérdale que Dios puede hacer cualquier cosa.

Una palabra final: Sean fuertes en el Señor y en su gran poder.

Efesios 6:10 NTV

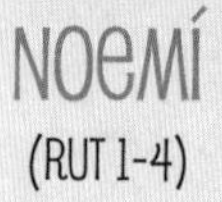

NOEMÍ

(RUT 1-4)

Todas las cosas ayudan a bien

La historia de Noemí comienza con su sentimiento de soledad. Muchos años antes, hubo una hambruna en Belén, donde Noemí vivía con su esposo y sus dos hijos. Para encontrar comida, la familia se mudó a Moab, un lugar a unos ochenta kilómetros de distancia. La vida allí era buena. Tenían comida, los muchachos crecieron y se casaron con mujeres de Moab..., pero entonces llegaron los problemas. El marido de Noemí murió. Sus hijos también. Las únicas personas que quedaron con Noemí fueron las esposas de sus hijos, sus nueras Orfa y Rut.

«¿Quién cuidará de mí en mi vejez?», Noemí estaba preocupada. La soledad la hizo querer volver a casa, a Belén.

Orfa y Rut amaban a Noemí. Dijeron que se mudarían a Belén para estar con ella. Pero Noemí les dijo que se quedaran en Moab y siguieran con sus vidas. Orfa se quedó, pero Rut insistió en ir. ¡De ninguna manera permitiría que su suegra se quedara sola! Caminaron ochenta kilómetros de regreso a Belén, trayendo consigo solo lo que necesitaban para el viaje.

Llegaron a Belén en el momento de la cosecha. Rut fue a trabajar recogiendo grano en un campo que pertenecía a un hombre llamado Booz, pariente del esposo de Noemí. Era un hombre rico y creyente. Cuando Booz se enteró de que Rut había renunciado a su vida en Moab para quedarse con Noemí, actuó con mucha amabilidad hacia ella. Pensó que era alguien especial por dejar todo por su suegra.

Mientras tanto, Noemí notó que había algo bueno entre Booz y Rut. Quería que se casaran. Y eso es exactamente lo que pasó. Booz y Rut se enamoraron, y Noemí tuvo un hogar junto a ellos por el resto de su vida.

La historia de Noemí nos recuerda que no nos preocupemos. Dios puede tomar una mala situación y transformarla en algo bueno.

> SABEMOS QUE DIOS DISPONE TODAS LAS COSAS PARA EL BIEN DE QUIENES LO AMAN, A LOS CUALES ÉL HA LLAMADO DE ACUERDO CON SU PROPÓSITO.
>
> ROMANOS 8:28

Florence Nightingale

(1820-1910)

La dama de la lámpara

Si has estado en un hospital, sabes que es un lugar muy limpio. Se mantiene así para que los gérmenes no se propaguen ni empeoren los pacientes. Agradéceselo a Florence Nightingale. En el siglo diecinueve, pasó su vida trabajando para mejorar las malas condiciones de los hospitales y asegurarse de que los pacientes estuvieran bien atendidos.

Fue un milagro que se hiciera enfermera. Sus padres no querían. Venía de una familia inglesa adinerada, y se esperaba que una mujer de su clase social se casara con un hombre rico y se estableciera. Pero Florence sintió que Dios quería que fuera enfermera. Así que, aunque sus padres lo desaprobaban, se matriculó en la escuela de enfermería.

Como enfermera, Florence estaba disgustada por la suciedad de algunos hospitales. Vio que los pacientes se enfermaban más y morían por eso, así que Florence cumplió con su misión de limpiar las cosas. Sus jefes se dieron cuenta, y también los demás. Se hizo muy conocida.

En 1853 estalló la guerra y el Secretario de Guerra británico le pidió a Florence que reuniera un equipo de enfermeras para atender a los soldados británicos en hospitales militares.

Las condiciones allí eran peor que horribles. Los insectos y los roedores corrían por los sucios pasillos entre los pacientes. Las enfermeras no tenían lo que necesitaban. Florence ordenó que se limpiara el lugar y se trajeran provisiones. Luego se ocupó de cuidar a los hombres. Los cuidaba día y noche, llevando una linterna por los pasillos durante la noche. La llamaban «la dama de la lámpara».

Florence continuó luchando por las condiciones sanitarias en los hospitales y por una mejor atención a los pacientes. Se hizo famosa por su trabajo y hoy en día es conocida como alguien que abrió el camino a la enfermería moderna.

¿Qué aprendiste de la historia de Florence? ¿Qué puedes hacer para limpiar tu entorno?

PERO HÁGANLO TODO DECENTEMENTE Y CON ORDEN.

1 Corintios 14:40

La esposa de Noé

(Génesis 6:18; 7:7, 13; 8:16, 19)

¿Y si Dios dijera...?

Conoces la historia del arca de Noé (Génesis 6-8:19): Dios vio que su tierra se llenaba de pecado. Quería que volviera a estar limpio y bien. Así que habló con su amigo Noé, un buen hombre. Dios le dijo a Noé que construyera un gran barco, un arca, y que embarcara una pareja de cada especie animal. Luego les dijo a Noé y a su familia (su esposa, sus tres hijos y sus esposas) que entraran al arca. Dios cerró la puerta y los dejó adentro, encerrados. El resto ya lo sabes. Un gran diluvio destruyó toda la tierra. Pero Noé, su familia y los animales se salvaron y quedaron para empezar la vida de nuevo.

La Biblia no dice mucho de la esposa de Noé, pero podemos imaginarla como una mujer paciente con mucha fe en Dios y también en su marido. Qué habrá pensado cuando Noé dijo: «Cariño, acabo de hablar con Dios. Va a destruirlo todo, pero no te preocupes. Tiene un plan. Voy a construir un barco muy grande. Vamos a embarcar una pareja de cada especie animal y comida para ellos, para nosotros y para nuestra familia. Luego subiremos al barco y Dios nos salvará de lo que sea que vaya a hacer».

¿Te sorprende que la esposa de Noé le creyera? No, porque ella confiaba en Dios. Por loca que sonara la idea, esta mujer de fe estuvo de acuerdo con el plan.

La Biblia dice: «la mujer que respeta al Señor es digna de alabanza» (Proverbios 31:30 PDT). Noé y su esposa temían a Dios. Estaban seguros de que los amaba y de que su plan era bueno.

¿Tu fe en Dios es tan fuerte como la de la esposa de Noé? ¿Confías en sus planes para ti?

¿Qué más podremos decir?
¡Que si Dios está a nuestro favor, nadie podrá estar contra nosotros!
Romanos 8:31

BETTY OLSEN

(1934-69)

Mujer en zona de guerra

Al morir en la cruz, Jesús dijo: «Padre, perdónalos, porque no saben lo que hacen» (Lucas 23:34). Betty Olsen era cristiana. Conocía esas palabras y probablemente las recordó en sus últimas horas de vida.

Betty quería ser enfermera misionera. Fue a la escuela de enfermería. Luego, en 1964, recibió el encargo de servir en un hospital misionero en Vietnam.

El país estaba en medio de una guerra mortal. La familia y los amigos de Betty estaban preocupados por su partida, pero ella se sentía en paz con su cometido. Decidió que, aunque no volviera, como muchos soldados, estaba cumpliendo la voluntad de Dios. Betty creía que Vietnam era donde debía estar.

Cuando llevaba varios años cumpliendo su misión, el enemigo irrumpió en el hospital militar. Capturaron a Betty junto con otros dos, Michael Benge y Henry Blood. Los trataron horriblemente: los metieron en jaulas, los mataban de hambre, los golpearon y los obligaron a caminar kilómetros y kilómetros. Solo Benge sobrevivió. Más tarde contó la historia de la valentía y entrega de Betty.

Dijo que Betty les cedía a los otros prisioneros la poca comida que le daban. Cuando Henry enfermó de neumonía y murió, Betty oró junto a su tumba. Benge dijo que fue la fuerza espiritual de Betty lo que los mantuvo en pie. Ella no dejaba de orar. Por muy enferma y maltratada que estuviera, Betty fue quien cuidó a Benge cuando se enfermó y casi murió. Cuando Betty se debilitó por las caminatas en la selva y el maltrato de sus captores, estos la patearon y arrastraron. Finalmente, la envenenaron. Murió y fue a estar con Jesús.

Michael Benge dijo: «Ella nunca mostró ninguna amargura o resentimiento. Hasta el final, amó a los que la maltrataban».

La historia de Betty nos enseña el verdadero significado del valor y el perdón.

«BENDIGAN A LOS QUE LOS MALDICEN Y OREN POR LOS QUE LOS MALTRATAN».

LUCAS 6:28 PDT

Rosa Parks

(1913-2005)

La Primera Dama de los derechos civiles

A mediados de la década de 1950, en Montgomery, Alabama, donde vivía Rosa Parks, muchas leyes separaban a los afroamericanos de los blancos y les daban a estos unos privilegios que los otros no tenían. Eso estaba mal. Muchos lo sabían, pero Rosa Parks hizo algo al respecto.

En los autobuses, los blancos se sentaban en la mitad delantera y los afroamericanos en la parte trasera. Había una señal en el pasillo que separaba a las razas.

Un día, Rosa se sentó cerca de la mitad del autobús en una de las primeras filas asignadas a los afroamericanos. El autobús se llenó de pasajeros, en su mayoría blancos. Todos los asientos de la sección blanca estaban ocupados, y un hombre blanco estaba de pie en el pasillo. El conductor del autobús les dijo a los afroamericanos de las primeras filas que se levantaran y se fueran atrás para que el pasajero blanco pudiera sentarse. Rosa se negó. Se había pasado la vida diciendo que no era lo suficientemente buena para sentarse en la parte delantera del autobús y hacer otras cosas que hacían los blancos, así que Rosa dijo: «No». El chofer llamó a la policía y arrestaron a Rosa.

La comunidad afroamericana de Montgomery decidió boicotear los autobuses, es decir, no se subirían a ellos. Caminaron, fueron en bicicleta y buscaron otros medios de transporte. También involucraron a líderes afroamericanos como Martin Luther King Jr. en el esfuerzo por cambiar la ley. El boicot duró casi un año y fue un gran éxito. La ley cambió para que todos pudieran sentarse en cualquier lugar en los autobuses. Hoy celebramos lo que hizo Rosa y también que los afroamericanos hayan luchado y ganado el derecho a ser tratados de la misma manera que los demás.

Dios nos creó para ser iguales. Todos somos iguales ante sus ojos, y así es como él quiere que nos tratemos los unos a los otros.

TODOS SON UNO EN JESUCRISTO, NO IMPORTA SI SON JUDÍOS O NO, ESCLAVOS O LIBRES, HOMBRES O MUJERES.

GÁLATAS 3:28 PDT

Perpetua

(?–203)

Todo para Jesús

Jesús dijo: «Si alguien viene a mí pero pone en primer lugar a su papá, a su mamá, a su esposa, a sus hijos, a sus hermanos y hermanas, no puede ser mi seguidor» (Lucas 14:26 PDT). Perpetua creía en estas palabras de Jesús, y lo que más quería, por encima de todo, era seguir a Jesús.

Perpetua estaba en prisión por negarse a ofrecer incienso para honrar a los dioses romanos. Como cristiana, no iba a rendir culto a ningún dios que no fuera Jesús. La pena por el «crimen» de Perpetua fue la muerte. Vivía en una época en la que el emperador romano quería impedir que la gente se hiciera cristiana y siguiera a Cristo. Pedirles que adoraran a un dios falso era una manera de descubrir a los verdaderos cristianos y deshacerse de ellos.

Perpetua tenía una familia que la amaba. Era una joven mujer casada y con un hijo, con madre, padre y hermanos. Y su familia tenía mucho dinero. Tenía muchos motivos para querer vivir. Si renegaba de su fe y adoraba a un dios falso, sería libre. Pero Perpetua se negó.

Su padre la visitó en la cárcel. «Piensa en tus hermanos, en tu madre y en tu tía, piensa en tu hijo... Renuncia a tu orgullo», le suplicó. No se trataba de orgullo, sino de amar a Jesús y seguirlo, aunque eso significara amarlo más que a su familia. Perpetua se entristeció al decirle que no a su padre, pero decidió seguir a Jesús y renunciar a todo lo demás.

Cuando comenzó el juicio, el gobernador romano le preguntó:

—¿Honrarás a los dioses romanos?

—No —dijo Perpetua.

—¿Eres cristiana?

—Sí —contestó ella.

No había nada más que decir. Perpetua fue ejecutada.

Jesús quiere que lo amemos más que a nadie ni a nada. ¿Podrías ser como Perpetua y renunciar a todo por él?

«No tengas otros dioses aparte de mí».

Éxodo 20:3

La suegra de Pedro

(Mateo 8:14-15; Marcos 1:29-31; Lucas 4:38-39)

¡Levántate y ve!

La historia de la suegra de Pedro es otra de esas historias breves de la Biblia: «Jesús fue a casa de Pedro, donde encontró a la suegra de este en cama y con fiebre. Jesús tocó entonces la mano de ella, y la fiebre se le quitó, así que ella se levantó y comenzó a atenderlo» (Mateo 8:14-15).

Cuando leemos la Biblia, quizás lo hacemos rápidamente y sin pensar. Pero, si nos paramos a pensar en la suegra de Pedro, descubriremos que tiene una lección que enseñarnos.

¿Alguna vez has sentido que, cuando se interpuso un problema en tu camino, ni siquiera intentaste resolverlo? Tal vez el problema parecía tan grande que deseabas meterte en la cama, esconderte bajo las sábanas y quedarte allí para siempre. Hay cosas en la vida que nos deprimen y tratan de mantenernos así.

El problema de la suegra de Pedro era una enfermedad. Pedro iba a traer a Jesús y a algunos amigos a su casa. Tenía mucho que hacer antes de que llegaran, pero se enfermó, tanto que se fue a la cama. Cuando llegaron Jesús y los demás, estaba demasiado enferma para levantarse de la cama y recibirlos.

La Biblia no dice cómo se sintió Pedro al no ver nada preparado y a su suegra en la cama. Pero nos dice que Pedro le pidió a Jesús que la sanara. A Jesús solo le importó la enfermedad que ella estaba sufriendo. Mostró su bondad y amor hacia ella y la sanó. Jesús la refortaleció para que pudiera levantarse y seguir su actividad.

La lección de su historia es que Jesús puede sanar cualquier cosa que te tenga desanimada. Cuando tengas ganas de rendirte, es Jesús quien te dará la fuerza para levantarte y seguir adelante. Pídele ayuda. Puedes contar con él para que se ocupe de tus problemas y para que muestre bondad y amor hacia ti, siempre.

[Dios] da fuerzas al cansado,
y al débil le aumenta su vigor.
Isaías 40:29

ELIZABETH PRENTISS

(1818-78)

Suficientemente bueno

Elizabeth Prentiss se crio siendo una niña enferma. Una vez dijo que nunca supo cómo era sentirse bien. Elizabeth sufría de dolores en el costado, desmayos y jaquecas, que le afectaban al estómago. Todos los días estaba enferma por algo. Sus males hacían que Elizabeth se sintiera triste, pero de todos modos tenía una cara feliz. Se esforzaba al máximo en la vida, y los que la rodeaban veían a una chica alegre con sentido del humor.

Dios le dio a Elizabeth un talento especial para escribir. Su mamá comprendió que Elizabeth necesitaba un lugar tranquilo donde pudiera pensar y escribir. Así que instaló una habitación especial en su casa donde Elizabeth podía trabajar.

Elizabeth descubrió que le encantaba escribir para niños. Algunos de sus primeros cuentos y poemas se los publicaron cuando tenía dieciséis años. Como era cristiana y amaba a Dios, escribía historias que esperaba que llevaran a los niños, y a los adultos también, a «hacer el bien». Encontraba inspiración para sus historias, poemas y canciones incluso en los momentos más difíciles de su vida.

A veces, Elizabeth pensaba que no era lo bastante buena. Incluso cuando llegó a ser una autora y escritora de himnos muy conocida, Elizabeth sintió que nunca podría estar a la altura de lo que Dios esperaba de ella. Luchó mucho contra esos sentimientos. Permaneció humilde, sin buscar nunca la fama por su trabajo. Elizabeth quería más de Dios. Deseaba que él llenara esos lugares de duda y tristeza, así que puso toda su fuerza y energía en complacer a Dios.

¿Sientes a veces que no eres lo suficientemente buena? Dios no quiere que te sientas así. Él te ama tal como eres. Si se te vienen a la cabeza pensamientos negativos, lucha contra ellos como lo hizo Elizabeth. Pídele a Dios que te llene con más de él.

DIOS NO CONDENA A LOS QUE ESTÁN UNIDOS A JESUCRISTO.

ROMANOS 8:1 PDT

Priscila

(Hechos 18:1-3, 18-28)

Amigas para siempre

¿Quién es tu mejor amiga? ¿Se han preguntado si Dios las ha juntado? Dios tiene su manera de poner a personas en el mismo lugar al mismo tiempo para que se conozcan. Por ejemplo, cuando Pablo conoció a su nueva amiga Priscila y a su esposo, Aquila.

Pablo había estado en Atenas, Grecia, compartiendo la buena nueva con los que quisieran escuchar. Atenas era un lugar peligroso para los cristianos. Las autoridades enviaron a Pablo a la corte por hablar en público de Jesús. Así que Pablo decidió irse a una ciudad cercana, Corinto. Al mismo tiempo, Priscila y Aquila también se trasladaron allí desde Roma, de donde los expulsaron porque al emperador de Roma no le gustaban los judíos.

Tal vez conociste a tu mejor amiga porque compartían un interés común. Así es como Pablo conoció a sus nuevos amigos. Priscila y Aquila trabajaban como fabricantes de tiendas. ¡Pablo también tejía tiendas de campaña! Hacer y vender tiendas era una forma de ganar dinero para su ministerio. Priscila y Aquila eran cristianos como Pablo.

Los amigos se quedaron juntos en Corinto. Hacían tiendas de campaña y pasaban tiempo hablando de la Biblia. Pablo sabía mucho de las Escrituras y era un buen maestro de la Biblia. En poco tiempo, los tres se convirtieron en amigos para siempre.

Pablo no se quedaba mucho tiempo en un mismo lugar. Se trasladaba, enseñando sobre Jesús. Cuando decidió dejar Corinto, Priscila y Aquila se fueron con él. Viajaron juntos unos quinientos kilómetros hasta Éfeso. Después de un tiempo, los amigos se despidieron. Priscila y Aquila se quedaron allí compartiendo las buenas nuevas, y Pablo viajó para alcanzar a más gente para Jesús. Sin embargo, siempre fueron amigos, y siguieron en contacto por carta.

¿Tienes alguna amiga para toda la vida? ¿Por qué crees que Dios las puso juntas?

UN VERDADERO AMIGO ES MEJOR QUE UN HERMANO.

PROVERBIOS 18:24 PDT

La mujer de Proverbios 31

(Proverbios 31:10-31)

Esposas y madres

Si lees Proverbios 31, en la Biblia, descubrirás a una madre dando consejos a su hijo adulto, un joven rey llamado Lemuel. Su mamá quiere que respete a las mujeres, así que le dice las muchas cosas que hace una buena esposa y madre, cosas que los hijos y los esposos no notan. La madre del rey tenía mucha práctica como esposa y madre, por lo que su consejo se basa seguramente en su propia experiencia.

Le dice a Lemuel que una buena esposa y madre vale más que los rubíes: ¡no tiene precio! Además, es digna de confianza, y todo lo que hace es por su marido e hijos. Administra bien la casa y no pierde el tiempo. Se asegura de que su familia tenga ropa limpia que ponerse y buenos alimentos.

En sus propias palabras de los tiempos bíblicos, la madre del rey describe lo que hoy es ir de compras y preparar el desayuno y los almuerzos para llevar a la escuela: «Es como un barco de un lugar lejano que de todas partes trae provisiones a la casa. Se levanta bien temprano en la mañana, da de comer a su familia y a las criadas» (Proverbios 31:14-15 PDT).

Una mujer como la de Proverbios 31 sabe manejar las finanzas. Si decide trabajar, lo hace y trae dinero a casa. Se queda despierta hasta muy tarde cuidando a su familia, y aun así encuentra tiempo para cuidarse a sí misma. Lo más importante es que ella ama y respeta a Dios, y otros lo ven a través de ella. Es sabia y ayuda a sus vecinos, a los pobres y a los necesitados.

Al final de su larga lista de lo que hacen las esposas y las madres, le dice que muestre respeto por las mujeres, que elogie a menudo a su esposa y que les diga a los demás lo maravillosa que es.

¿Conoces a una mujer como la de Proverbios 31? Piensa en todas las cosas maravillosas que hace. Y dile: «¡Gracias!».

Es alabada por la gente y todos la respetan;
espera el futuro con confianza.

Proverbios 31:25 PDT

Jackie Pullinger

(1944-)

Una mujer decidida

Jackie Pullinger es una mujer con determinación. Si hay algo que necesita arreglo, ella encuentra la manera de arreglarlo. Jackie trabaja en Hong Kong, China ayudando a drogadictos, pandilleros y otros a encontrar a Jesús y cambiar sus vidas.

Siempre quiso ser misionera. Buscó un grupo de la iglesia o alguna organización que la patrocinara, pero sin éxito. Casi había renunciado a su sueño de trabajar en misiones en China cuando un pastor de una iglesia cercana a donde vivía Jackie, en Londres, le aconsejó que fuera de todos modos. Con el poco dinero que tenía compró un billete de ida en el barco más barato a Hong Kong, China.

Jackie aceptó un trabajo como profesora de primaria en la parte más peligrosa de la ciudad, un lugar destartalado entre edificios altos y mal construidos. Allí vivían los traficantes, los drogadictos y los pandilleros entre familias que trataban de salir adelante. Los crímenes estaban a la orden del día. Jackie vio enseguida que había que hacer algo para cambiar las cosas en este lugar llamado la Ciudad Amurallada.

Estableció un centro juvenil para adolescentes, un lugar seguro donde pudieran divertirse. Se ganó la confianza de los adolescentes de las pandillas y compartió con ellos la buena nueva de Jesús. Algunos se hicieron cristianos y cambiaron sus vidas para siempre.

Hoy Jackie tiene una misión especial que ayuda a los adictos a limpiarse. Con el dinero que recibe de los voluntarios y de otros que dan generosamente, comenzó la Sociedad St. Stephen. Gracias a Jackie, hay lugares seguros en todo Hong Kong, China donde las personas con adicciones pueden limpiarse y aprender acerca de Jesús. Lo que se busca es que lleguen a amarle y servirle por el resto de sus vidas.

¿Qué has aprendido de la historia de Jackie? ¿Qué significa tener determinación?

EL SEÑOR DIOS ME AYUDA, Y LOS INSULTOS NO ME HIEREN.
POR ESO ME MANTENDRÉ FIRME, Y SÉ QUE NO SERÉ AVERGONZADO.

ISAÍAS 50:7 PDT

我們罪

RAHAB

(JOSUÉ 2; 6:17, 22-23)

¡Espías!

Cuando los israelitas llegaron a la tierra que Dios les prometió, se encontraron con los cananeos que vivían allí. Los israelitas les pidieron amablemente que se fueran, pero la mayoría se negó.

Dios quería que los israelitas estuvieran allí. La tierra les pertenecía, y no tuvieron más remedio que luchar por ella.

El líder de los israelitas, Josué, envió dos espías a la gran ciudad de Jericó. En Jericó vivía una mujer que era muy conocida en la ciudad, y no en el buen sentido. Rahab no llevaba una vida piadosa, pero Dios la necesitaba para ayudar a su pueblo. Escondió a los espías en su casa.

Alguien vio a los espías entrar en la casa de Rahab y se lo contó al rey de Jericó. No era inusual que Rahab albergara a hombres, así que el rey pensó que quizás ella no sabía que eran espías. Le envió un mensaje diciéndole quiénes eran y ordenándole que los sacara. Rahab mintió: «Ya se han ido».

Cuando fue seguro que salieran, Rahab les recordó que ella les había salvado la vida. «Yo fui buena con ustedes y les ayudé, ahora júrenme por el SEÑOR que serán buenos con mi familia» (Josué 2:12 PDT). Les pidió que le prometieran que ella y su familia estarían a salvo cuando los israelitas llegaran y tomaran la tierra.

Los espías se lo prometieron, y cumplieron su palabra. Cuando los israelitas destruyeron toda la ciudad, rescataron a Rahab y a su familia. Permitieron que su familia viviera segura en su tierra porque Rahab los había ayudado.

Dios usa a toda clase de personas. Rahab no vivió una vida piadosa, pero sirvió a Dios ayudando a los israelitas. A cambio, Dios hizo lo que sus espías prometieron. Salvó la vida de Rahab y de su familia.

Piensa en ello: cuando haces promesas, ¿las cumples?

VALE MÁS NO PROMETER, QUE PROMETER Y NO CUMPLIR.

ECLESIASTÉS 5:5

Rebeca

(Génesis 17:1-8; 25:19-27; 27:1-37)

Lo que Dios ya sabía

La historia de Rebeca comienza antes de que su esposo, Isaac, naciera. Dios le prometió al padre de Isaac, Abraham, que tendría muchos descendientes que gobernarían grandes naciones. Algunos llegarían a ser reyes.

Isaac creció y se casó con Rebeca. Tuvieron gemelos, Jacob y Esaú. Esaú era el mayor.

Dios le dijo a Rebeca que sus gemelos llegarían a liderar a diferentes naciones, una más fuerte que la otra. El gemelo mayor serviría al menor. Esto era extraño porque el liderazgo de la familia solía pasar del padre a su hijo mayor.

Rebeca no era una madre perfecta. Amaba al gemelo menor, Jacob, más que a Esaú. Cuando los gemelos fueron casi adultos, Isaac, su padre, estaba viejo y casi ciego. A Rebeca le preocupaba que, cuando Isaac muriera, Esaú se convirtiera en el cabeza de familia. ¡Ella no quería eso! Quería que los liderara Jacob. Pero, para que esto sucediera, Jacob necesitaba la bendición de su padre; que las palabras de su padre lo hicieran jefe de la familia.

Rebeca planeó engañar a Isaac para que le diera su bendición a Jacob. Le dijo a Jacob que se vistiera con la ropa de Esaú para parecerse más a él. Luego hizo el plato favorito de Isaac. Jacob se la llevó a su padre. «Padre, soy yo, Esaú —mintió—. Te traje tu comida favorita».

A Isaac le gustó lo que hizo su hijo (pensaba que era Esaú) y le dio su bendición. Le dijo: «Que pueblos te sirvan, y naciones se inclinen ante ti. Que tú gobiernes sobre tus hermanos» (Génesis 27:29 PDT).

La historia de Rebeca nos recuerda que Dios lo sabe todo de antemano. Cuando Dios le hizo su promesa a Abraham, ya sabía que Rebeca engañaría a Isaac para que le diera su bendición a Jacob. Dios ya había planeado que entre los descendientes de Jacob estuviera el rey David, quien gobernó la gran nación de Israel. Y Dios sabía quién sería uno de los descendientes del rey David: ¡Jesús!

Señor, tú me has examinado y sabes todo de mí.

Salmos 139:1 PDT

RODE

(HECHOS 12:1-17)

¡Rode, abre la puerta!

Cuando tu corazón se llena súbitamente de alegría, nada más parece importar. *Así* de feliz estaba Rode. Oyó al discípulo de Jesús, Pedro, llamar a su puerta, y el sonido de su voz la llenó de alegría.

Pedro había sido encarcelado por hablar de Jesús. El rey Herodes, que odiaba a los cristianos, planeaba juzgar a Pedro y declararlo culpable. Hasta entonces, Herodes puso dieciséis soldados para vigilar a Pedro. Yacía en el suelo encadenado con un soldado a cada lado. Había más soldados vigilando la entrada a su celda. No había manera de que Pedro escapara, ¿o sí?

Un ángel se le apareció. «¡Levántate!», dijo. Cuando Pedro se levantó, las cadenas se cayeron, pero los soldados no se dieron cuenta. «Ponte tu manto y sígueme», dijo el ángel. Pedro obedeció. Pasaron junto a un soldado tras otro, ¡y ninguno de ellos lo vio! Cuando llegaron a la puerta que daba a la ciudad, se abrió sola. Pedro salió caminando. Entonces el ángel desapareció. ¿Fue un sueño?

No, no lo fue. Pedro fue a la casa donde vivía Rode. Los cristianos estaban allí reunidos orando por Pedro, pensando que estaba en prisión y a punto de morir. Él llamó a la puerta. «¡Soy yo, Pedro!», llamó. Rode lo escuchó, pero se emocionó tanto que corrió a decírselo a los demás sin abrir la puerta y sin dejarle entrar. Él siguió llamando hasta que por fin alguien se dio cuenta y abrió.

La historia de Rode nos recuerda algo que dijo Jesús: «Mira, yo estoy llamando a la puerta; si alguien oye mi voz y abre la puerta, entraré» (Apocalipsis 3:20). Necesitamos no solo escuchar la voz de Jesús, sino también abrir la puerta de nuestro corazón y dejarle entrar.

«Sean como los siervos que están esperando que su patrón regrese de una fiesta de bodas. El patrón viene, llama a la puerta y ellos abren de inmediato».

Lucas 12:36 PDT

Helen Roseveare

(1925-2016)

Cueste lo que cueste

Cuando Helen Roseveare estudió para ser doctora, dijo: «Iré a donde Dios quiera, cueste lo que cueste». Piensa en esa frase. La primera parte de ir a donde Dios quiera puede hacer que te imagines todos los lugares maravillosos a los que puedes ir. Pero ¿qué hay de la última parte: «cueste lo que cueste»? Esa es la parte que asusta, la desconocida. A Helen no le importaba. Ella confiaba en Dios. Su plan era servirle en el Congo (en África) como doctora misionera.

En el Congo, Helen trabajó duro, incluso fabricando ladrillos para construir pequeños hospitales con techos de paja donde trabajar para curar a los enfermos. Tenía las manos desgarradas y sangrando, pero para Helen valía la pena. Su sufrimiento no era nada comparado con lo que Jesús había sufrido en la cruz.

En once años, el hospital creció y tenía cien camas. Ayudaron a miles de pacientes. Helen incluso abrió clínicas para servir a más gente. Para entonces ya estaba cansada. Se tomó un descanso y se fue a Inglaterra.

Después de su descanso, cuando regresó a África, descubrió que las cosas habían cambiado. Había estallado una guerra civil. Muchos misioneros se fueron, preocupados por su propia seguridad. Pero Helen se quedó. La necesitaban allí. Pensó que nada de lo que le pudiera pasarle podría ser peor que lo que Jesús había sufrido.

Entonces llegaron los problemas. Soldados enemigos se apoderaron del hospital. Mantuvieron prisionera a Helen durante cinco meses. Le robaron, la golpearon y avergonzaron con sus acciones y palabras. Cuando todo terminó, Helen no sabía por qué le habían pasado estas cosas, pero aun así sabía que Jesús había sufrido más. En vez de enojarse, Helen le agradeció a Jesús que le hubiera permitido pasar por esto, aunque casi le cuesta la vida.

¿Podrías ser como Helen, dispuesta a servir a Dios a cualquier precio?

En cambio, no es nada vergonzoso sufrir por ser cristianos. ¡Alaben a Dios por el privilegio de que los llamen por el nombre de Cristo!

1 Pedro 4:16 NTV

RUT

(RUT 1:1-18)

Honra a tu madre y a tu padre

Cuando leas la historia de Rut en la Biblia, descubrirás que le enseñaron a respetar. Ella obedeció el mandamiento de Dios de «Honra a tu padre y a tu madre» (Éxodo 20:12). Rut no solo honró a sus propios padres, sino también a los de su esposo.

Rut había crecido en un lugar llamado Moab. Su esposo era de Belén, un pueblo a unos ochenta kilómetros de distancia. Él se había mudado a Moab con sus padres cuando era niño. El marido de Rut no había tenido una vida fácil. Antes de llegar a Moab, su familia había sufrido una hambruna: casi no tenían para comer. Luego, después de que se mudaron, su padre murió.

Rut y su esposo fueron respetuosos con su madre, Noemí. Se aseguraron de que no le faltara nada. Por un tiempo, la vida les fue bien. ¡Entonces el marido de Rut también murió!

Rut y Noemí solo se tenían la una a la otra.

Noemí sentía nostalgia de Belén. Quería volver a vivir allí, así que Rut y su suegra empacaron sus cosas y emprendieron el camino. Rut estaba dispuesta a dejar el lugar donde había vivido toda su vida para que Noemí no estuviera sola.

En el camino, Noemí comprendió a cuánto renunciaba Rut para estar con ella. Le dijo: «¡Vuelve a casa! Dios te bendiga por ser tan amable conmigo».

Pero Rut se negó a dejar a Noemí. Le contestó: «¡No me obligues a abandonarte y separarme de ti! A donde tú vayas, iré yo; y donde vivas tú, viviré yo. Tu pueblo será mi pueblo, y tu Dios será mi Dios. Donde tú mueras, yo moriré y seré sepultada» (Rut 1:16-17 PDT).

¡Qué increíble ejemplo de honra y respeto!

Honra a tu padre y a tu madre, para que seas feliz
y vivas una larga vida en la tierra.

Efesios 6:2-3

Salomé, Santiago y la madre de Juan

(Mateo 20:20-28)

Tía Salomé

Salomé entendió quién era Jesús. Ella creía que él era el Cristo y que, cuando regresara con su Padre en el cielo, sería el Rey de reyes. Ella lo conocía bien porque era su tía, hermana de la madre de Jesús, María.

Como todas las madres, Salomé quería lo mejor para sus hijos. Jesús había escogido a sus hijos, Santiago y Juan, como dos de sus doce seguidores más cercanos: sus discípulos. Eran sus primos, y Jesús les estaba enseñando, junto con los demás, que iba a morir, pero que al tercer día resucitaría. Los estaba formando para enseñar a otros acerca de él después de su regreso al cielo.

Salomé debe de haber estado orgullosa de sus hijos. Sabía que eran especiales, elegidos por Jesús. Pero Salomé quería algo más para ellos. Quería que Santiago y Juan tuvieran un lugar especial en el cielo cuando llegaran allí.

Fue a ver a su sobrino Jesús con una petición. Aunque era su tía, Salomé lo honraba como Señor y se arrodilló ante él. Jacobo y Juan estaban con ella.

«Manda que en tu reino uno de mis hijos se siente a tu derecha y el otro a tu izquierda», dijo Salomé (Mateo 20:21).

Respondió Jesús: «El sentarse a mi derecha o a mi izquierda no me corresponde a mí darlo, sino que se les dará a aquellos para quienes mi Padre lo ha preparado» (versículo 23).

Jesús continuó diciendo que los reyes y otras personas importantes suelen ejercer su poder sobre otros. «No sean como ellos», les dijo a su tía, a sus primos y a los demás discípulos. «Lo más importante es demostrar que se preocupan por los demás».

La historia de Salomé nos recuerda que no siempre podemos obtener de Dios lo que pedimos. Él sabe mejor lo que necesitamos.

Y si se lo piden, no lo reciben porque lo piden mal, pues lo quieren para gastarlo en sus placeres.

Santiago 4:3

La madre de Sansón

(Jueces 13:1-24)

Ella vio algo asombroso

La Biblia no nos dice los nombres de todas las personas en sus historias. La madre de Sansón es una de ellas. Aun así, no deberíamos saltarnos a esas personas y pensar que no son importantes. Cada una de ellas tiene algo que enseñarnos.

La mamá de Sansón se menciona en la Biblia solo como la esposa de Manoa. Ella y su marido no tenían hijos. Pero entonces se le apareció un ángel del Señor. No estaba segura de que realmente fuera un ángel. Tal vez sería un profeta, una persona real que hablaba las palabras de Dios.

El ángel le dijo que pronto tendría un hijo. Desde el día en que naciera, el bebé le pertenecería a Dios. Su madre no debía cortarle el pelo. El ángel dijo que su bebé iba a ayudar a liberar a los israelitas de sus enemigos, los filisteos. También le dijo a la mamá de Sansón qué cosas no debía comer ni beber hasta que llegara ese día.

Cuando la mamá de Sansón le contó a su esposo sobre el ángel, él no la creyó del todo. Así que oró y le pidió a Dios que enviara al «hombre» otra vez. Dios respondió a su oración. Esta vez, el ángel se le apareció tanto a Manoa como a su esposa.

Cuando el ángel los dejó, Manoa creyó, y sintió miedo. «¡Hemos visto un ángel! —dijo—. ¡Ahora vamos a morir!».

La mamá de Sansón tenía una visión más positiva de lo que significaba ver al ángel. Ella tenía fe en que Dios no iba a matarlos aunque lo hubieran visto. En cambio, captó el significado más profundo de que Dios confiaba lo suficiente en ellos como para mostrarles algo asombroso. Dios los escogió para traer un hijo al mundo que ayudaría a salvar a Israel de sus enemigos.

¿Cómo crees que te sentirías si Dios confiara lo suficiente en ti como para mostrarte a un ángel?

«Si alguien es de fiar en lo poco, será de fiar en lo mucho;
si es deshonesto en lo poco, será deshonesto en lo mucho».

Lucas 16:10 PDT

Sara

(Génesis 17:15-17, 19; 18:10-15; 21:1-7)

Ella se rio

Imagina que Dios te promete algo que parece imposible. ¿Confiarías en que él cumplirá su promesa, o te reirías y dirías: «No hay manera de que eso pueda suceder»?

Abraham se rio de la promesa de Dios de que los bendeciría a él y a su esposa, Sara, con un hijo. ¿Qué le hizo tanta gracia? Abraham tenía cien años. Sara tenía noventa años. Todo el tiempo que llevaban casados, Abraham y Sara habían querido tener hijos. Pero aquí estaban, en su vejez, en las últimas, ¿y cuándo se había oído algo así? Dios no solo les prometió un hijo, sino que también dijo que su hijo tendría hijos y nietos que llegarían a liderar grandes naciones. Sí, Abraham se rio.

Sara, casualmente, escuchó la promesa y también se rio.

Cuando Dios oyó reír a Sara, le preguntó a Abraham: «¿Por qué se rio Sara? ¿Hay algo demasiado difícil para mí?».

Sara tenía miedo por haberse reído de Dios, así que mintió: «No me he reído».

«Sí, te has reído», dijo Dios.

Aunque se habían reído de la promesa de Dios y demostraron que su fe en él no era perfecta, Dios cumplió su promesa. Aproximadamente un año después, Sara dio a luz a un niño sano. Cuando abrazó a su bebé, Sara se rio una vez más, pero no porque la promesa de Dios pareciera imposible. Sara rio de alegría porque Dios, con todo su poder, ¡puede hacer lo imposible!

La historia de Sara es una de las muchas de la Biblia donde Dios hace algo que parece imposible. Pero, si crees en el poder de Dios para hacer cualquier cosa, siempre tendrás esperanza. Mirarás a tu alrededor, verás todas las cosas asombrosas que él hace y reirás de alegría porque tu Dios, el Dios único, puede obrar milagros. Él hace lo que nadie más puede hacer.

«Para Dios no hay nada imposible».

Lucas 1:37

EDITH SCHAEFFER

(1914-2013)

Todos son bienvenidos

«Cómo sé que Jesús no es el Hijo de Dios, y cómo sé que la Biblia no es la Palabra de Dios», este fue el tema de un discurso pronunciado en una reunión de un grupo de jóvenes a la que asistió Edith. Ella creía que Jesús sí era el Hijo de Dios. Y confiaba en la Biblia como su Palabra. Así que Edith se levantó y discrepó con el orador. Al mismo tiempo, un muchacho del otro lado de la sala hizo lo mismo.

Así fue como Edith conoció a su marido, Francis Schaeffer. Tampoco sabían entonces lo que Dios había planeado para ellos. Dios los bendeciría con cuatro hijos y enviaría a su familia a Suiza, donde Edith y Francis trabajarían como misioneros.

Se instalaron en un valle tranquilo en las montañas. Trabajaron en crear ministerios para niños. Su hija les sugirió que dieran clases en su casa para que la gente de su aldea pudiera aprender sobre Jesús. Pero a las autoridades no les gustó que los Schaeffer compartieran sus puntos de vista religiosos, así que los obligaron a marcharse.

La familia se mudó a otro pueblo en las montañas suizas, y allí abrieron su casa a cualquiera que quisiera venir a hablar de Dios y a buscar respuestas. Francis y Edith le pidieron a Dios que les enviara a aquellos que necesitaban conocerlo. La gente empezó a oír hablar de los Schaeffer, y venían a hospedarse en su casa, que se llamaba L'Abri.

Edith y Francis nunca juzgaban a los que venían. Todos eran bienvenidos. Edith les mostraba amor y hospitalidad. Ella cocinaba, limpiaba y compartía con los invitados la verdad de que Dios es real y siempre está presente en sus vidas diarias. El ministerio de L'Abri creció y aún continúa.

La historia de Edith es un gran ejemplo de hospitalidad cristiana, acogedora, cálida y sin prejuicios, ¡como es Jesús!

¿Qué crees que significa mostrar hospitalidad a los demás?

NO SE OLVIDEN DE SER AMABLES CON LOS QUE LLEGUEN A SU CASA,
PUES DE ESA MANERA, SIN SABERLO, ALGUNOS HOSPEDARON ÁNGELES.

HEBREOS 13:2

Ida Scudder

(1870-1960)

Doctora Ida

En la familia de Ida Scudder había muchos médicos que eran misioneros en la India. El padre de Ida era uno de ellos. Mientras vivía en la India con su familia, Ida vio cuán pobre, enferma y hambrienta estaba la gente. Quería irse, volver a casa, a Estados Unidos. Ida no quería en absoluto ser misionera médica y continuar con el trabajo de su familia.

Cuando su padre enfermó, Ida se sintió feliz de regresar a Estados Unidos con su familia. Cuando él estuvo recuperado para regresar a la India, Ida se quedó en su país y fue a la universidad. Esperaba casarse, pero luego los planes cambiaron.

Su madre no se sentía bien. El padre de Ida necesitaba que ella viniera a la India y les ayudara con su trabajo. Así que fue. Mientras estuvo allí, vio morir a tres mujeres porque querían ser tratadas por una doctora y no había ninguna. En ese momento, la vida de Ida cambió. Ahora quería ser doctora y ayudar a la gente de la India. Ida sabía que era el plan de Dios.

Regresó a Estados Unidos y obtuvo su título de doctora. Entonces, la doctora Ida regresó a la India. Viajando en un carro tirado por bueyes, llevaba suministros médicos y atención a las aldeas. Estableció clínicas y un hospital, y capacitó a mujeres para que fueran enfermeras. Pero eso no le bastó. Quería hacer más por el pueblo indio, así que comenzó una facultad de medicina donde las mujeres, y más tarde los hombres, aprendieran a ser médicos. La escuela existe todavía. El Christian Medical College and Hospital es una de las mejores facultades de medicina de la India.

Jesús les dijo: «Si alguno quiere ser discípulo mío, olvídese de sí mismo, cargue con su cruz cada día y sígame» (Lucas 9:23). ¿Qué crees que significa esto? ¿Siguió Ida su mandato?

«Si te niegas a tomar tu cruz y a seguirme, no eres digno de ser mío. Si te aferras a tu vida, la perderás; pero, si entregas tu vida por mí, la salvarás».

Mateo 10:38-39 NTV

Sifra y Fúa

(Éxodo 1:8-21)

Las enfermeras que salvaron a Israel

Sifra y Fúa vivieron en la época en que los israelitas, el pueblo de Dios, eran esclavos bajo el dominio del faraón de Egipto. Se le consideraba el mejor gobernante del mundo en ese entonces, y no era un buen tipo. El faraón decidió que los israelitas se estaban volviendo demasiado numerosos. Le preocupaba que, al crecer tanto sus familias, hubiera suficientes hombres para derrocar su gobierno y escapar de Egipto. Así que el faraón dictó una orden terrible. ¡Ordenó matar a todos los bebés varones que tuvieran los israelitas!

Sifra y Fúa eran parteras, las que ayudaban a las mujeres cuando tenían bebés. Un día, el faraón les dijo: «Cuando una mujer israelita dé a luz, si el bebé es niña, déjenla vivir. ¡Si es un niño, mátenlo!».

Las mujeres tenían que decidir: ¿obedecerían al faraón, o desobedecerían y dejarían vivir a los niños? La Biblia no dice si Sifra y Fúa eran egipcias o israelitas, pero sí dice que temían a Dios. Si lo desobedecían, el faraón tenía poder para decidir si vivían o morían. Pero Dios también tenía poder sobre ellas; más poder, concluyeron, que el faraón. Así que Sifra y Fúa permitieron, en secreto, que los niños vivieran y que sus madres los escondieran.

Cuando el faraón se enteró de que los niños israelitas estaban vivos, preguntó a las enfermeras: «¿Por qué me han desobedecido?».

«Porque las mujeres dan a luz antes de que podamos llegar», mintieron.

Dios bendijo a Sifra y Fúa por obedecerlo. Les dio sus propias familias. Y, gracias a estas dos enfermeras, los israelitas crecieron en número. Uno de los bebés que salvaron fue Moisés, y, cuando creció, sacó a los israelitas de Egipto.

¿Crees que Sifra y Fúa hicieron bien al obedecer a Dios en vez de al faraón?

Los reyes reprueban las malas acciones,
porque el trono se basa en la justicia.
Proverbios 16:12

La Sunamita

(2 Reyes 4:8-37)

Una bendición

Dios a menudo nos bendice a través de las acciones de otros. La historia de la sunamita habla de cómo Dios la bendijo por medio de su profeta Eliseo. No sabemos el nombre de la mujer, la Biblia no nos lo dice. Pero sí sabemos que era una mujer importante que vivía en una aldea llamada Sunem.

La mujer se dio cuenta de que Eliseo era un varón de Dios. Cada vez que venía a la aldea, ella le preparaba comida. Ella y su esposo hicieron un pequeño cuarto para Eliseo en el segundo piso de su casa, para que cuando viniera a Sunem tuviera un buen lugar donde quedarse.

Eliseo quiso recompensar a la mujer por su hospitalidad, así que le preguntó qué podía hacer por ella. La mujer le dijo que tenía todo lo que necesitaba, pero el sirviente de Eliseo le dijo a su señor que ella y su esposo no tenían hijos. Parecía imposible que Eliseo pudiera cambiar esto. Pero el profeta sabía que Dios podía hacer cualquier cosa. «Para el año que viene, por este tiempo, tendrás un hijo en tus brazos», dijo Eliseo (2 Reyes 4:16). Dios hizo exactamente lo que Eliseo predijo. Les dio un hijo a la mujer y a su marido.

Años más tarde, el niño sufrió un terrible dolor de cabeza y murió. Su madre lo llevó al cuarto de Eliseo y lo puso en su cama. Luego se subió a un burro y corrió a buscar a Eliseo. Le rogó al profeta que volviera a casa con ella.

Los dos corrieron hacia donde yacía el cuerpo del niño. Eliseo cerró la puerta y oró. Entonces Eliseo se acostó, extendiendo su cuerpo sobre el del muchacho. Fue entonces cuando Dios hizo un milagro por medio de Eliseo. ¡Hizo que el niño volviera a vivir!

La sunamita se sintió muy agradecida. Cayó a los pies de Eliseo y le dio las gracias.

¿Te ha bendecido Dios alguna vez por medio de las acciones de otra persona?

«Haré que seas una bendición para otros».

Génesis 12:2 PDT

Mary Slessor

(1848-1915)

Mary la misericordiosa

Mary Slessor era una misionera escocesa en África. Se atrevió a adentrarse en las zonas donde vivían las tribus nativas africanas. Pocos misioneros, sobre todo mujeres, tuvieron el valor de ir allí. Temían no salir vivos.

La superstición lo llenaba todo entre la gente de las tribus, y estaban preocupadas por los demonios, los espíritus y los dioses falsos. Una de sus peores creencias era que, si una mujer daba a luz a gemelos, el segundo nacido estaba poseído, dominado por un espíritu maligno. Si una madre tenía gemelos, los nativos la abandonaban a ella y a los bebés y los dejaban en la selva para que murieran.

Mary creía solo en el único Dios verdadero, y su misión era mostrar misericordia a los que sufrían por sus falsas creencias. Mary abrió una casa para los gemelos que eran abandonados. También fueron algunas de las madres. Mary los cuidaba y trataba a los niños como si fueran suyos.

Sabía que, si iba a ayudar a las tribus, tenía que vivir en medio de ellas. Mary arriesgó su vida para aprender su idioma y mezclarse entre ellas. No temía decírselo cuando no estaba de acuerdo con sus métodos, pero al mismo tiempo se convirtió en su amiga. Participaba de sus costumbres buenas, se reía con ellos y comía con ellos. Las tribus aprendieron no solo a aceptarla, sino también a respetarla y amarla. Mary les enseñó acerca de Jesús y, aun cuando no lo aceptaban, ella era misericordiosa y los cuidaba.

Si lo piensas, descubrirás que tienes algo en común con esas tribus. Es probable que no sigas supersticiones, pero haces otras cosas que desagradan a Dios. Sin embargo, como Mary, Dios es misericordioso contigo, perdona tus pecados y te ama de todos modos.

Porque tú, Señor, eres bueno y perdonas;
eres todo amor con los que te invocan.

Salmos 86:5

SUSANNAH SPURGEON

(1832–1903)

Más valiosa que los rubíes

La Biblia dice: «Mujer ejemplar no es fácil hallarla; ¡vale más que las piedras preciosas!» (Proverbios 31:10). Susannah Spurgeon era ese tipo de esposa.

Casada con un pastor famoso de Londres, Susannah aprendió rápidamente que ella nunca sería para su esposo tan importante como lo era Dios. Charles Spurgeon siempre tenía algo que hacer en su iglesia, y a veces Susannah se sentía excluida. Pero, después de hablar con su madre, Susannah decidió que lo correcto era ser la ayudante de Charles en lugar de quejarse de que él no pasaba suficiente tiempo con ella. Ella se unió a él para hacer de Dios *su* prioridad.

Después de dar a luz a gemelos, Susannah quedó debilitada. Tenía que estar en cama a menudo y no estaba muy fuerte. Aun así, hacía todo lo posible para servir a Dios, a su esposo y a sus hijos.

Mientras Charles hacía su trabajo, Susana criaba a sus hijos. Les enseñaba la Biblia y lo que significa ser cristianos. Se alegró con ellos cuando ambos muchachos aceptaron a Jesús como su Salvador.

Charles escribía sermones y libros sobre la vida cristiana, y Susannah corregía su trabajo. Un día, mientras revisaba un libro, Susannah deseó poder dar una copia a todos los pastores de Inglaterra. (En el siglo diecinueve, cuando vivió Susannah, muchos pastores eran pobres y no tenían dinero para comprar libros). Charles la animó a encontrar la manera de hacerlo.

Empezó una obra de caridad llamada Book Fund (Fondo del Libro). Con su propio dinero, Susannah envió por correo cien libros a pastores necesitados. El Fondo se convirtió en su propósito y en la obra de su vida. Cuando ella murió, su organización había proporcionado casi doscientos mil libros a los cristianos de toda Inglaterra.

¿Crees que Susannah se contentaba con ser la ayudante de su marido? ¿Crees que hacía bien Charles al poner a Dios en primer lugar?

SU ESPOSO CONFÍA TOTALMENTE EN ELLA, ¡Y CÓMO NO LE HABRÁ DE BENEFICIAR!

PROVERBIOS 31:11 PDT

PATRICIA ST. JOHN

(1919–93)

Autora de libros para niños

La familia de Patricia St. John vivió en la hermosa campiña inglesa y más tarde en Suiza. Aunque Patricia vivió allí de joven, los recuerdos de estos lugares la acompañaron el resto de su vida.

Como era hija de misioneros, Patricia creció conociendo a Jesús. Cuando solo tenía seis años, recordó un versículo bíblico, Isaías 43:1, en el que Dios dice: «Yo te llamé por tu nombre, tú eres mío». Patricia respondió orando: «Dios, si me quieres, soy tuya». ¡Por supuesto que Dios la quería! Ya tenía su vida planeada.

Cuando Patricia terminó la escuela secundaria, la Segunda Guerra Mundial había comenzado. Decidió ayudar a su país haciéndose enfermera. Durante la guerra, Patricia trabajó como enfermera en Londres.

Cuando terminó la guerra, su vida dio un giro diferente. Ayudó a su tía a dirigir un internado para niñas. Antes de que las niñas se fueran a dormir, cada noche, Patricia disfrutaba contándoles cuentos para dormir. Sus historias eran tan buenas que las escribió. Pronto comprendió que Dios le había dado el don de escribir. Se dio cuenta de que podía escribir cuentos infantiles que fueran emocionantes y divertidos de leer y que también enseñaran a los niños acerca de Dios.

Pero Dios tenía planeado algo más. El hermano de Patricia dirigía un hospital misionero en Marruecos. Muchas mujeres no querían ser tratadas por médicos hombres, así que Patricia fue a ayudar a su hermano a dar atención médica. Aprendió el idioma del pueblo y les contó historias bíblicas. Gracias a sus relatos, muchos llegaron a conocer a Jesús como su Salvador.

Cuando Patricia regresó a Inglaterra, escribió libros para niños basados en sus experiencias. Quizás te gustaría leerlos. Busca *Estrella de luz*, *Lucía y su enigma*, *Amor en las cumbres*, *El secreto del bosque*, *Tesoros de la nieve* y *Donde nace el río*.

EN ESTE MUNDO TODO TIENE SU HORA; HAY UN MOMENTO PARA TODO CUANTO OCURRE.

ECLESIASTÉS 3:1

ANNE STEELE

(1717–78)

Una canción en tu corazón

Los compositores son poetas y narradores. Se parecen a los escritores en que ponen sus palabras en papel, pero ellos las ponen también en música. Suelen escribir canciones sobre sus propios sentimientos o sobre cosas que les sucedieron.

Anne Steele fue una compositora y poetisa británica del siglo dieciocho. La vida no fue fácil para ella, pero siempre hizo todo lo posible para tener una actitud alegre. Su madre murió cuando Anne tenía solo tres años. Siendo adolescente, Anne contrajo la malaria y la sufrió por el resto de su vida. Aun así, escogió ver el lado positivo. Con frecuencia entretenía a sus amigos leyéndoles poemas que había escrito. Sus poemas eran buenos, lo suficiente como para ser musicalizados y compartidos con el mundo. Pero «Nanny», como la llamaban sus amigos y familiares, no estaba ansiosa por publicarlos. Era humilde, no quería que la atención se centrara en ella. Anne tenía ya más de cuarenta años cuando accedió a compartir su trabajo con el público.

Vivió una vida tranquila, a menudo prefiriendo estar sola. Nunca se casó. Se prometió y casi se casó con el amor de su vida, pero él se ahogó antes de la boda. Anne recibió otras propuestas de matrimonio, pero decidió que quería una vida de soltera.

Finalmente, Anne publicó sus poemas y ensayos con un seudónimo, Theodosia, y donó el dinero que ganaba a organizaciones benéficas. Los himnos que escribió se hicieron muy populares, sobre todo en las iglesias bautistas. Escribió 144 himnos, muchos poemas y ensayos, y se la conoció como «la madre del himno inglés». Algunos de los himnos de Ana están en los himnarios que todavía se usan en las iglesias.

¿Tienes una canción en tu corazón? No tengas miedo de compartirla. ¡Cántasela al Señor!

CANTEN AL SEÑOR UNA CANCIÓN NUEVA; CANTEN AL SEÑOR, HABITANTES DE TODA LA TIERRA; CANTEN AL SEÑOR, BENDIGAN SU NOMBRE; ANUNCIEN DÍA TRAS DÍA SU SALVACIÓN.

SALMOS 96:1-2

CLARA SWAIN

(1834–1910)

Misionera médica

Clara Swain fue la primera mujer en el mundo en convertirse en médica misionera. El plan de Dios para Clara era que ella viajara a la India para ayudar a los enfermos allí, especialmente a las mujeres. En el mundo de hoy, una estadounidense como Clara se subiría a un avión y llegaría a India en menos de un día. Pero a principios de 1800, no había aviones. Clara viajó en barco y se sintió mareada la mayor parte del camino.

Cuando llegó a la India, su equipaje no había llegado, y no lo haría por otra semana. El transporte a caballo y en tren también presentaba problemas. Le preocupaban los tigres cercanos. Clara no tenía suficiente comida y tenía hambre. El viaje fue duro, pero ella continuó, las oraciones de sus amigos y familiares le dieron fuerzas. Se consoló al saber que la gente estaba orando por ella. Más tarde escribió cartas y pidió más oraciones, no solo para ella sino también para los enfermos de la India.

Además de cuidar a los enfermos, Clara entrenó a estudiantes mujeres de medicina para que la ayudaran. Los médicos varones no podían tratar a mujeres en ese entonces. Clara trabajó largas horas, tratando a más de mil trescientas mujeres en el primer año. Ella ayudó a sanarlas, y les dio Biblias y les habló de Jesús.

Clara decidió que las mujeres necesitaban un hospital, por lo que le pidió a Dios que lo hiciera realidad. Milagrosamente, un gobernador indio donó tierras, y tres años después, el primer hospital de mujeres en India abrió sus puertas. Fue nombrado Hospital de la Misión Clara Swain, y todavía existe hoy en día, sirviendo tanto a mujeres como a hombres.

Piensa en cómo Clara fue ayudada por sus propias oraciones y las oraciones de los demás. ¿Tienes un amigo con una necesidad especial? Pídele a Dios que te ayude.

AMADOS HERMANOS, OREN POR NOSOTROS.

1 TESALONICENSES 5:25 NTV

HOSPITAL CLARA SWAIN
PRIMER HOSPITAL PARA MUJERES EN ASIA
1870

JONI EARECKSON TADA

(1949-)

Caminar con Jesús

Si conocieras a Joni, te diría que hay cosas más importantes que poder caminar o usar las manos. ¡Joni lo sabe! Lleva cincuenta años en una silla de ruedas, sin poder caminar y con manos que apenas le sirven. Estaba sana hasta que un accidente de buceo le cambió la vida, paralizándola a los diecisiete años. Joni también te diría: «Prefiero estar en esta silla de ruedas conociendo a Jesús que estar de pie sin él».

Conocer a Jesús, poner fe y confianza en él, es lo único que hizo posible que Joni superara la peor experiencia de su vida. Ahora sirve a Dios ayudando a otras personas con discapacidades. Su actitud positiva es contagiosa. Con la ayuda de Jesús, trabaja duro tratando de dar esperanza a quienes se enfrentan a problemas físicos.

En 1979, Joni comenzó un ministerio mundial llamado Joni and Friends para ayudar a los afectados por discapacidades. Dirige programas de radio y televisión en los que comparte la Palabra de Dios e historias positivas de otros que viven con la discapacidad. Joni ha escrito más de cuarenta libros, ha grabado álbumes de canciones e incluso ha protagonizado una película sobre su vida.

Ser discapacitada no le ha impedido vivir una vida plena y rica. Joni se casó con el amor de su vida, Ken Tada. Ella viaja por el mundo, da discursos, sirve en comités y llega a los jóvenes que han visto su vida cambiada recientemente por alguna discapacidad.

La vida no siempre fue fácil para Joni. Ella sabe lo que es estar deprimida, desear que el accidente nunca hubiera ocurrido e incluso dudar de Dios. Pero ella te diría que Dios nunca la ha defraudado. En lugar de eso, Dios la usa para sacar de su depresión a otros discapacitados y llevarlos a una vida cristiana alegre.

¿Conoces a alguien con una discapacidad? ¿Cómo puedes ayudar?

EL SEÑOR ME HA DICHO: «MI AMOR ES TODO LO QUE NECESITAS; PUES MI PODER SE MUESTRA PLENAMENTE EN LA DEBILIDAD». ASÍ QUE PREFIERO GLORIARME DE SER DÉBIL, PARA QUE REPOSE SOBRE MÍ EL PODER DE CRISTO.

2 Corintios 12:9

María Taylor

(1837–70)

Misioneras en China

Los padres de María, misioneros británicos, sirvieron al pueblo chino en varios países. María nació mientras estaban en Malasia. Durante los primeros nueve años de su vida, María y su familia vivieron entre los chinos y aprendieron su cultura. Así que para ella esto era como estar en casa. Por desgracia, cuando tenía nueve años, sus padres murieron. Ella, su hermana y su hermano se fueron a vivir con un tío a Inglaterra.

Durante todo el tiempo que estuvo en Inglaterra, María quiso volver a China. Así que, cuando cumplió dieciséis años, María y su hermana regresaron y trabajaron en una escuela de niñas dirigida por un amigo de su madre. Fue allí donde María se enamoró y se casó con un misionero británico, Hudson Taylor.

María y Hudson se ocuparon de ministrar al pueblo chino. María comenzó una escuela primaria. Hablaba el idioma de los niños, así que le era fácil enseñarles. La pareja acogió y cuidó a varios niños chinos. Incluso dirigieron un hospital.

Pero entonces Hudson se enfermó. Tuvieron que regresar a Inglaterra para que se recuperara. ¡Esto era parte del plan de Dios! Mientras estaban en Inglaterra, Hudson le pidió a Dios regresar a China con María y con otros veinticuatro misioneros más. Dios respondió a su oración. El equipo de la misión embarcó y se adentró en el mar. El viaje no fue fácil. Dos tifones —terribles tormentas— casi hunden el barco. Pero la oración y la fe en Dios mantuvieron a los misioneros a salvo.

De vuelta a casa en China, María trabajó con las misioneras que habían venido con ellos. Les enseñó a entenderse con los chinos y a servirles y enseñarles acerca de Jesús. Juntos llevaron a muchos a entregar su vida a Cristo.

¿Qué has aprendido sobre los misioneros? ¿Te gustaría ser misionera algún día?

¡Qué hermosos son sobre los montes los pies del mensajero que trae buenas noticias, buenas noticias de paz y de salvación, las noticias de que el Dios de Israel reina!

Isaías 52:7 NTV

Corrie ten Boom
(1892-1983)

El ropero de Corrie

Corrie se crio en los Países Bajos, cerca de Amsterdam. Su familia, que era cristiana, acogía a amigos, vecinos e incluso extraños en su hogar. El padre de Corrie tenía reuniones de oración en su casa. A menudo oraba por el pueblo judío, que él consideraba el pueblo elegido de Dios, como dice el Antiguo Testamento.

Durante la Segunda Guerra Mundial, los soldados nazis arrestaban a los judíos por la única razón de ser judíos. Los nazis los llevaban a campos de prisioneros, llamados «campos de concentración», donde sufrían terriblemente y morían.

La familia Ten Boom quería ayudar a los judíos. Así que Corrie y su familia se convirtieron en parte de algo llamado el «subterráneo holandés». Corrie y su hermana Betsie ayudaban a los judíos a escapar de los nazis escondiéndolos en su casa. Si los nazis llegaban a la casa, los ten Boom escondían a sus «invitados» judíos en un lugar secreto detrás de un ropero, donde cabían seis personas.

Un día alguien les dijo a los nazis lo que hacían los ten Boom. Los nazis arrestaron a toda la familia, pero no encontraron a los judíos que se escondían en el armario, que escaparon.

A Corrie y Betsie las llevaron a un campo de concentración donde las trataron muy mal. Aun así, celebraban servicios secretos de adoración usando una Biblia que habían logrado introducir a escondidas. Betsie murió en el campo, pero Corrie sobrevivió. Regresó a su casa en Holanda y continuó ayudando a los necesitados. Incluso perdonó a los soldados que habían sido crueles con ella en el campo.

Corrie recorrió el mundo hablando de su experiencia con los nazis. Escribió sobre ello en un libro de gran éxito de ventas llamado *El refugio secreto*. Hoy casi todo el mundo conoce su nombre. Su historia es una de las más famosas de la Segunda Guerra Mundial.

¿Se te ocurre alguna palabra para describir a Corrie?

Dice al Señor: «Tú eres mi refugio, mi castillo, ¡mi Dios, en quien confío!».

Salmos 91:2

SANTA TERESA DE ÁVILA

(1515-82)

Una mujer de fe

¿Qué significa tener una fe tibia? Si algo está tibio, no está ni caliente ni frío. Incluso podría decirse que algo tibio está en la media. Si la fe de alguien en Dios está en la media, ¡no es muy buena cosa! Dios está muy por encima de la media. Él es perfecto, y se merece la fe más ferviente y fuerte que podamos tener.

Teresa de Ávila vivió los primeros cuarenta años de su vida con una fe tibia. A la edad de veintiún años, entró en un convento que era bastante abierto. A las monjas se les permitía tener sus propias pertenencias y podían relacionarse con gente de fuera. Teresa creía que, al no centrarse completamente en Dios, su fe se había debilitado.

Un día, mientras caminaba por el convento, Teresa vio una estatua de Jesús en la cruz. Ella lo vio de una manera distinta a como lo había visto hasta entonces y sintió el poderoso amor de Cristo por ella. A partir de ese día, la fe de Teresa aumentó. Se hizo tan fuerte que dejó todo lo demás que importaba. Dejó atrás las cosas del mundo y dirigió toda su atención al Señor.

Para ella era importante la oración en silencio. Quería iniciar conventos para mujeres y monasterios para hombres donde pudieran dedicar sus vidas a la oración y al servicio de Dios. Teresa tenía un don de Dios para liderar, e hizo posibles esos conventos y monasterios.

Teresa también tenía el don de entender la vida espiritual. Escribió sus ideas sobre la oración y la vida para Dios. Aún hoy, más de cuatrocientos años después, se leen y estudian sus escritos espirituales.

A Teresa no le resultaba fácil descansar. Dedicó cada día de su vida a servir al Señor, y es un ejemplo destacado de fe fuerte y encendida.

¿Cómo calificarías tu fe: es ferviente o es tibia?

POR ESO, REPRÉNDELOS DURAMENTE, PARA QUE SEAN SANOS EN SU FE.

TITO 1:13

SANTA TERESA DE CALCUTA

(MADRE TERESA)

(1910–97)

Sierva de los pobres

A santa Teresa de Calcuta, cuando nació, la llamaron Agnes. Nació en Macedonia en el seno de una familia católica y quería ser monja y trabajar para ayudar a los pobres, en especial a los de la India.

A los dieciocho años, dejó su casa y fue a Irlanda, donde un grupo de monjas, las Hermanas de Loreto, la formaron para trabajar como monja en la India. Le pusieron un nuevo nombre: hermana María Teresa.

Su primer trabajo en la India fue enseñar en una escuela religiosa en Calcuta. Allí hizo sus votos perpetuos para ser monja, y recibió el nombre con el que la mayoría de la gente la conoce hoy: Madre Teresa.

Su deseo de trabajar con los pobres se hizo aún más fuerte. Sintió que Jesús le decía que dejara la escuela y trabajara directamente con los más pobres de los pobres. Ella siguió sus palabras y fue a los barrios bajos de Calcuta. Allí cuidó a los enfermos, alimentó a los hambrientos y llevó amor a los que se sentían solos y olvidados. Algunos maestros y estudiantes que conoció mientras enseñaba en la escuela del convento se unieron a ella y la ayudaron en su trabajo. A medida que aumentaba el número de voluntarios, el grupo se conoció como las Misioneras de la Caridad.

Las noticias del trabajo de la Madre Teresa se difundieron por todo el mundo. Recibió muchos premios, incluido el Premio Nobel de la Paz. Pero su honor más asombroso le llegó después de morir, cuando la Iglesia católica la hizo santa.

A lo largo de su vida, la Madre Teresa tuvo luchas en su relación con Dios. Quería mucho más de él en su corazón. Se sentía lejos de Dios. En eso se parecía al rey David en la Biblia, que clamaba a Dios: «¿Hasta cuándo te esconderás de mí?». (Lee el salmo 13).

¿Se te ocurren algunas maneras de ayudar a los pobres de tu comunidad?

DICHOSO EL QUE PIENSA EN EL DÉBIL Y POBRE;
EL SEÑOR LO LIBRARÁ EN TIEMPOS MALOS.

SALMOS 41:1

Lilias Trotter

(1853-1928)

Tuvo que elegir

Desde el principio, cuando Dios creó a Adán, le dio al ser humano el don de la libertad. Se nos conceden muchas elecciones, incluso la de amar a Dios o no. A veces, lo más difícil es tener que elegir entre dos cosas tan maravillosas que no hay palabras para describirlas. Ese fue el tipo de decisión que Lilias tuvo que tomar.

Lilias nació con el don del arte. Su talento era tan grande que podría haberse convertido en una de las mejores artistas de Inglaterra en el siglo diecinueve. Pero Lilias también tenía un corazón consagrado a Dios. Sentía que él la llamaba a servir como misionera en el norte de África. Debía elegir entre dedicar todo su esfuerzo a su arte, y probablemente hacerse famosa, o servir al Señor.

Lilias eligió servir a Dios.

El grupo de la North Africa Mission rechazó su petición de servir con ellos. Así que Lilias se fue a África sola, viajando con dos amigos. No conocía a nadie en el norte de África, tampoco conocía el idioma que se hablaba allí.

Durante los siguientes cuarenta años, Lilias viajó, a menudo en camello, a lo largo de la costa norteafricana hasta el desierto del Sáhara. Estableció bases misioneras, lugares donde los misioneros vivían y trabajaban. Dondequiera que iba, Lilias llevaba la Palabra de Dios al pueblo, y muchos llegaban a conocer a Dios.

No dejó del todo el arte. Lilias llevaba diarios de sus viajes y llenaba las páginas con su hermoso trabajo. Había renunciado a la fama para servir a Dios, pero estaba contenta. Una vez pintó unas semillas blancas y esponjosas alejándose de la cabeza de un diente de león seco. Para Lilias, eso representaba vaciarse de sí misma, entregarse plenamente a Dios.

¿Has tenido que elegir entre dos cosas maravillosas? ¿Cuál elegiste y por qué?

Elijan mi instrucción en vez de la plata y el conocimiento antes que el oro puro.

Proverbios 8:10 NTV

Sojourner Truth

(1797-1883)

Una líder de los derechos civiles

Sojourner Truth nació siendo esclava. Su nombre de pila era Isabella. Cuando tenía nueve años, su dueño la vendió junto con un rebaño de ovejas por cien dólares. ¿Puedes imaginarte separada de tu familia y vendida? Eso era común para los afroamericanos cuando Isabella era joven.

A sus treinta años de edad, el estado de Nueva York comenzó a permitir a los esclavos la libertad de irse y vivir por su cuenta. El dueño de Isabella no quiso liberarla, así que se escapó. Ella no sabía entonces que Dios la usaría para luchar por la igualdad de derechos para todos, sobre todo para las mujeres y los afroamericanos.

Siendo ya libre, trabajó como ama de casa y también hizo labores misioneras entre los pobres de la ciudad de Nueva York. Firme en su fe cristiana, Isabella se convirtió en una predicadora itinerante. Creyó que Dios quería darle un nombre: Sojourner Truth (Peregrina Verdad). Viajó por todas partes, predicando la verdad de la Palabra de Dios.

Sojourner sabía lo que significaba luchar por la libertad. Vio que los afroamericanos y las mujeres no gozan de las mismas libertades que, por ejemplo, los hombres blancos. No era apropiado que las mujeres de su tiempo expresaran en público sus puntos de vista, pero a Sojourner no le importaba. Se levantaba y decía lo que pensaba. Luchó con sus palabras y acciones para liberar a los esclavos de Estados Unidos y también por la igualdad de derechos para las mujeres. Al final de la Guerra Civil, cuando se ilegalizó la esclavitud en Estados Unidos, Sojourner ayudó a los esclavos recién liberados a adaptarse a la vida libre.

Se la recuerda hoy como una líder poderosa de los derechos civiles y como un ejemplo de alguien que confió en Dios y no tuvo miedo.

¿Hay alguna causa por la que sientas carga? ¿Qué puedes hacer para marcar la diferencia?

«Conocerán la verdad, y la verdad los hará libres».

Juan 8:32

HARRIET TUBMAN

(1820-1913)

La Moisés de su pueblo

Si conoces la historia de Moisés en la Biblia, entenderás por qué Harriet Tubman fue llamada la Moisés de su pueblo. La Biblia cuenta cómo Moisés sacó al pueblo de Dios de la esclavitud en Egipto. Harriet también sacó a *su* pueblo, los afroamericanos, de la esclavitud.

En la época de Harriet, los estadounidenses del Norte y del Sur estaban divididos con respecto a la idea de la esclavitud. Personas bondadosas ayudaban a los esclavos a escapar a través de algo que llamaron el Tren Subterráneo. No era un tren real, sino una serie de lugares seguros donde los que se preocupaban por los esclavos los escondían en su huida de los estados donde la esclavitud era legal.

Después de años de abuso por parte de su amo, Harriet logró escapar. Viajó de noche, siguiendo la estrella polar. Después de un largo viaje y de refugiarse en las casas del tren subterráneo, Harriet alcanzó la libertad. Pero para ella no era suficiente ser libre. ¡Ahora conocía la salida! Volvió una y otra vez para ayudar a los miembros de su familia y a otros esclavos a escapar y seguirla a su casa. Usaba canciones codificadas para comunicarse con los esclavos y también con la gente del Tren Subterráneo. Para los demás, las palabras sonaban como cantos de alabanza al Señor. Pero, para los que participaban en la fuga, esas canciones daban instrucciones especiales.

Harriet siguió con ánimo y perseverancia, arriesgando su vida para liberar a otros. Confió su seguridad a Dios mientras ayudó a unos trescientos esclavos a escapar hacia la libertad. Hoy se la recuerda como la líder más famosa del Tren Subterráneo. Su historia se enseña en las escuelas, y en 2020 su retrato reemplazará al del presidente Andrew Jackson en los billetes de veinte dólares.

Lee Éxodo 14 en tu Biblia. Luego responde a esta pregunta: ¿en qué sentido fue Harriet Tubman como Moisés?

USTEDES, HERMANOS, HAN SIDO LLAMADOS A LA LIBERTAD. PERO NO USEN ESTA LIBERTAD PARA DAR RIENDA SUELTA A SUS INSTINTOS. MÁS BIEN SÍRVANSE LOS UNOS A LOS OTROS POR AMOR.

GÁLATAS 5:13

MARY VERGHESE

(1925–86)

La gracia de Dios

¿Has oído las palabras «gracia de Dios» y te has preguntado qué significan? Hablamos de su gracia cuando Dios muestra su amor incondicional por nosotros, su bondad, en circunstancias en las que no lo merecemos. No tenemos que hacer nada para ganar la gracia de Dios. Él nos la da solo porque nos ama.

Mary Verghese recibió la gracia de Dios y luego la usó para ayudar a otros. Acababa de hacerse doctora en su país natal, la India, cuando un accidente de automóvil la dejó paralítica de las piernas. Al principio sentía lástima de sí misma. «Dios, ¿por qué no me dejaste morir?», oraba. Pero Dios no quería que muriera. Tenía grandes planes para la vida de Mary. Su gracia cuidaría de ella en los peores días y la conduciría a un futuro prometedor. Mary luchó duro para superar su discapacidad. Aun así, estaba confinada a una silla de ruedas.

Había muchos leprosos en la India y un amigo médico sugirió que María podría ayudarlos. Verían que había sufrido una lesión grave y que aún tenía esperanzas para su futuro. Su esperanza podría animar a otros.

La gracia de Dios, su bondad, fluyó a través de María hacia sus pacientes. Ella iluminaba sus días y los hacía sonreír. Con la gracia de Dios, María aprendió a realizar cirugías sentada en su silla de ruedas. Dedicó su carrera como doctora a ayudar a sus pacientes a vivir lo mejor posible con sus discapacidades. Incluso abrió el primer centro de la India para tratar a personas con lepra y lesiones en la columna vertebral y el cerebro.

María confió en el amor y la gracia de Dios y en su promesa de que él dispone todas las cosas para el bien de los que lo aman (Romanos 8:28).

¿Ha usado Dios su gracia para hacerte pasar por un momento difícil?

«MI VIDA NO VALE NADA PARA MÍ A MENOS QUE LA USE PARA TERMINAR LA TAREA QUE ME ASIGNÓ EL SEÑOR JESÚS, LA TAREA DE CONTARLES A OTROS LA BUENA NOTICIA ACERCA DE LA MARAVILLOSA GRACIA DE DIOS».

HECHOS 20:24 NTV

JUDITH WEINBERG

(C. 1898–?)

Cambió de opinión

¿Has cambiado de opinión sobre algo después de haber decidido mal? Judith Weinberg cambió de opinión. Como resultado, perdió todo lo que quería en este mundo, pero encontró algo mejor.

Judith se crio como judía y rusa. Cuando era niña, se cuestionó su fe después de escuchar a su abuelo hablar de si Jesús era realmente el Hijo de Dios o era un impostor. (Muchos judíos creen que Jesús no era el Mesías prometido de Dios). Cuando Judith escuchó la historia de Jesús, le apenó que lo mataran sin haber hecho nada malo. No podía quitárselo de la cabeza. Siguió pensando y preguntándose sobre él.

En 1914 llegó la guerra a Rusia. Los Weinberg vivían cerca de los combates más intensos junto a la frontera alemana, por lo que abandonaron su hogar, llevándose muy pocas cosas. Empezaron una nueva vida lejos, en Rusia.

Después de un tiempo, Judith conoció a un muchacho judío llamado Solomon y decidió casarse con él. Judith todavía se hacía preguntas sobre Jesús, así que convenció a Solomon para la acompañara a los servicios de una iglesia cristiana. Allí, el corazón de Judith se llenó de amor por Cristo y lo aceptó como su Salvador. El precio que tuvo que pagar fue su prometido y su familia, pues ellos odiaban que se hiciera cristiana y la repudiaron.

En Rusia, mucha gente moría y sufría a causa de la guerra. Así que Judith y otros cristianos iban a las aldeas para ayudar y predicar acerca de Jesús. Un día, los soldados entraron en una reunión de oración que Judith dirigía. Cuando la oyeron decir que eran pecadores y que necesitaban a Jesús, los soldados se enojaron por sus palabras. Mataron a Judith por ser cristiana. Aun así, murió sin arrepentirse de su decisión. Judith sabía que Jesús era real y que iba a vivir con él para siempre en el cielo.

¿Crees que Judith tomó la decisión correcta al hacerse cristiana?

«Tú eres el Mesías, el Hijo del Dios viviente».

Mateo 16:16

SUSANNA WESLEY

(1669-1742)

Una mamá excelente

¿Te imaginas tener veinticuatro hermanos mayores? Así comenzó la vida de Susanna Wesley en Inglaterra. ¡Era la menor de veinticinco hijos! Y, de mayor, ella tuvo diecinueve hijos.

En su edad adulta, Susanna sabía lo que era sufrir. Nueve de sus hijos murieron siendo bebés. El esposo de Susanna, Samuel, que era pastor, no era muy bueno trayendo el sustento para la familia. La había dejado sola por más de un año, y no era bueno con el dinero. Sus problemas financieros lo llevaron dos veces a la cárcel. Por si esto fuera poco, su casa se quemó dos veces y después del segundo incendio los niños vivieron en diferentes hogares (de acogida) durante dos años hasta que reconstruyeron su casa.

A pesar de todo, Susanna fue una gran madre. Odiaba estar lejos de sus hijos y, cuando estaban todos juntos en la misma casa, se aseguraba de pasar una noche a solas con cada uno de ellos: lunes con Molly, martes con Hetty, miércoles con Nancy, jueves con Jacky, viernes con Patty, sábado con Charles... Los educaba, les enseñaba la Biblia, mantenía la casa en marcha y celebraba servicios de oración los domingos en su hogar cuando su esposo estaba ausente. Samuel pensaba que estaba mal que una mujer dirigiera los servicios, pero Susanna lo hacía de todos modos.

Cabría pensar que Susanna se hizo famosa por su fuerza y dedicación como madre, pero fue solo por sus hijos, John y Charles. Estos hermanos son conocidos por haber iniciado la Iglesia metodista. Charles también escribió las letras de más de seis mil himnos.

En las peores circunstancias, Susanna confió en Dios y llevó a sus hijos a seguir a Jesús. Ella los amaba y encontró tiempo para cada uno de ellos. Hizo que sus hijos se sintieran especiales. ¿Conoces a alguna madre así?

LOS HIJOS QUE NOS NACEN
SON RICAS BENDICIONES DEL SEÑOR.

SALMOS 127:3

La viuda de Sarepta

(1 Reyes 17:7-16)

Harina y aceite sin fin

La historia de la viuda de Sarepta, en el Antiguo Testamento, ocurrió durante una hambruna, una época en la que casi no había comida. No había llovido durante mucho tiempo, así que todas las cosechas se secaron y murieron.

Dios le dijo a su profeta Elías: «Vete a Sarepta [...] y vive ahí. En aquel lugar vive una viuda a quien yo le he ordenado que te dé comida» (1 Reyes 17:9 PDT).

Cuando Elías llegó allí, vio a la viuda recogiendo leña. Entonces le pidió un vaso de agua. «Por favor, tráeme también un pedazo de pan», dijo (1 Reyes 17:11).

Se podría pensar que era una petición sencilla, pero a la mujer solo le quedaba un puñado de harina en un frasco y un poco de aceite de oliva en una jarra. Pensaba usar lo que tenía para cocinar una última comida para ella y su hijo. Cuando le contó esto a Elías, él le dijo que no se preocupara.

Le pidió: «Ve y haz la comida que dijiste, pero primero hazme un panecito de la harina que tienes y tráemelo [...]. El Señor, Dios de Israel, dice: "Aquel recipiente de harina nunca se terminará ni se agotará el aceite y así continuará hasta que el Señor mande lluvia a la tierra"» (1 Reyes 17:13-14 PDT).

La viuda de Sarepta entró en su casa e hizo una torta de pan para Elías. Tenía mucha harina y aceite. Las vasijas de aceite y harina se iban llenando, y todos los días la mujer, su hijo y Elías tenían suficiente para comer.

Dios siempre satisface las necesidades de su pueblo. Cuando leas tu Biblia, descubrirás sus bendiciones de principio a fin. No te preocupes: ¡él también satisfará tus necesidades!

«Les responderé antes que me llamen. Cuando aún estén hablando de lo que necesiten, ¡me adelantaré y responderé a sus oraciones!».

Isaías 65:24 NTV

La viuda que dio dos blancas

(Marcos 12:41-44; Lucas 21:1-4)

Lo dio todo

¿Estás ahorrando tu dinero para algo que realmente quieres? Ahorrar a menudo significa sacrificar, es decir, renunciar a otras cosas. ¿Qué pasaría si tuvieras suficiente dinero ahorrado y Dios te pidiera que se lo dieras todo a él? ¿Lo harías?

En el tiempo de Jesús, el templo judío tenía una caja de dinero especial donde la gente ponía sus ofrendas para Dios. Puedes imaginártelo como las bandejas de ofrendas que se pasan en las iglesias hoy en día.

Jesús se sentó en el templo a ver a la gente poner dinero en la caja. Vio a los ricos dar mucho. Aunque sus ofrendas eran generosas, a los ricos les sobraba mucho. Le daban a Dios solo lo que no necesitaban.

Mientras Jesús estaba allí sentado, notó que una pobre viuda entraba al templo. Sacó dos monedas pequeñas y las puso en la caja. En aquel tiempo, esas monedas se llamaban «blancas». No podemos saber exactamente cuánto valían, pero no era mucho, sobre todo comparado con lo que daban los ricos.

Jesús llamó a sus seguidores para que se sentaran con él y les dijo: «Esta pobre viuda dio más que todos los demás. Porque todos ellos dieron de lo que les sobraba, pero ella, a pesar de su pobreza, entregó todo lo que tenía para vivir» (Lucas 21:3-4 PDT).

Nadie más que Jesús se dio cuenta del sacrificio que hizo esta mujer. Le dio a Dios todo, todo el dinero que tenía. Imagina qué podría haber hecho con esas dos monedas. Tal vez habría comprado harina para hacer pan durante una semana. ¿Vale la pena pasar hambre por dárselo todo a Dios?

Jesús usó la historia de esta viuda para enseñar a sus seguidores sobre el verdadero dar. Ella estuvo dispuesta a dárselo todo a Dios.

¿Tú podrías ser así de generosa?

Cada uno debe dar según lo que haya decidido en su corazón [...], porque Dios ama al que da con alegría.

2 Corintios 9:7

MARGARET WILSON

(1667-85)

Mártir adolescente

A lo largo de la historia, algunos cristianos han dado su vida por permanecer fieles a Jesús. Muchos hombres y mujeres se han negado a renegar de Cristo cuando trataron de forzarlos a volverse contra su Salvador. Los que eligen morir en lugar de negar su fe son llamados «mártires». Margaret Wilson fue una de ellos.

Se crio siendo presbiteriana en la Escocia del siglo diecisiete, una época de gran desacuerdo sobre quién mandaba en la iglesia. Los ciudadanos tenían que jurar honrar al rey Jacobo VII como gobernante de la iglesia. Negarse a prestar ese juramento significaba la muerte.

Los presbiterianos no iban a reconocer al rey como gobernante de la iglesia. En vez de eso, celebraban reuniones secretas para practicar su fe. Si los capturaban, los soldados del rey podrían matarlos. Siendo adolescente, Margaret asistió a estas reuniones con sus hermanos menores, Thomas y Agnes. Nadie estaba dispuesto a ceder a las demandas del rey, así que celebraban sus cultos en secreto, a veces escondidos en las colinas.

Un día, los soldados del rey capturaron a Agnes y Margaret. Agnes fue liberada cuando su padre pagó por su liberación, pero los soldados mantuvieron a Margaret en prisión. Como continuó negándose a honrar al rey Jacobo como cabeza de la iglesia, los soldados la ahogaron. Pero, antes de morir, oró por la salvación del rey, citó la Biblia y cantó himnos.

En el mundo de hoy, muchos cristianos son libres de practicar su fe y reconocer a Jesús como su Señor y Salvador. Pero, en muchos países, los cristianos siguen siendo maltratados e incluso asesinados por sus creencias. Es importante recordarlos en nuestras oraciones y también orar para que todos acepten a Jesús para que algún día puedan vivir eternamente en el cielo.

PARA QUE, ANTE ESE NOMBRE CONCEDIDO A JESÚS, DOBLEN TODOS LAS RODILLAS EN EL CIELO, EN LA TIERRA Y DEBAJO DE LA TIERRA, Y TODOS RECONOZCAN QUE JESUCRISTO ES SEÑOR.

FILIPENSES 2:10-11

La mujer del pozo

(Juan 4:4-15)

Agua viva

En su camino a Galilea, Jesús atravesó una región montañosa llamada Samaria. Llegó a un pueblo llamado Sicar, construido cerca de un campo. Las mujeres de Sicar iban a buscar agua a un pozo.

Jesús estaba cansado del camino. Tenía sed, entonces se fijó en una mujer en el pozo. «¿Me darías un poco de agua?», le preguntó Jesús.

Ella se sorprendió de que Jesús le hablara. Estaba claro que él era judío. Los judíos no se llevaban bien con la gente de Samaria. Se evitaban entre sí. Entonces, ¿por qué estaba hablando con ella?

—¿Por qué estás tú, un hombre judío, pidiéndome a mí, una mujer samaritana, que te dé un trago de agua? —preguntó.

Jesús tenía la respuesta perfecta:

—Si supieras quién soy, y si entendieras lo generoso que es Dios, entonces tú *me estarías* pidiendo agua.

La mujer debía de parecer confundida.

—Yo te daría agua fresca y viva —continuó Jesús.

¡Agua viva! ¿Qué era eso?

—Este pozo es muy profundo —dijo la mujer—. Y ni siquiera tienes un cubo para sacar esa agua viva.

Entonces Jesús dijo algo que debió de confundirla aún más:

—Todo el que beba de este pozo volverá a tener sed. Pero el agua viva que te doy te llenará para que nunca tengas sed, y te dará vida para siempre.

—Señor —dijo la mujer—, ¡entonces dame esa agua!

Con «agua viva» Jesús le estaba dando a la mujer una pista de lo que había de venir. Más tarde, después de que él murió por nuestros pecados, cualquiera que confiara en Jesús sería lleno del Espíritu de Dios (Jesús lo comparó con «agua viva») y tendría la promesa de una vida eterna en el cielo.

¿Y tú? ¿Quieres un poco de agua viva?

«Pues Dios amó tanto al mundo, que dio a su Hijo único, para que todo aquel que cree en él no muera, sino que tenga vida eterna».

Juan 3:16

La mujer que ungió los pies de Jesús

(Lucas 7:36-50)

¡Perdonada!

¡Imagínate ir a la casa de una amiga y que te reciban lavándote los pies! Te invitan a sentarte. Tu amiga agarra un recipiente con agua, te lava los pies, los seca, los perfuma ¡y luego te da un beso en los pies! Parece una locura, ¿no? Pero, en los tiempos de Jesús, lavar los pies era una señal de hospitalidad. Piensa en ello: la gente se desplazaba principalmente a pie. Llevaban sandalias, y sus pies se ensuciaban y olían mal. Lavar los pies de alguien mostraba una bondad amorosa.

Un hombre importante invitó a Jesús a cenar a su casa. Una mujer del pueblo sabía que Jesús estaba allí, así que fue, seguramente sin estar invitada. (El hombre importante dijo que era una pecadora). Esta mujer amaba a Jesús y, cuando lo vio, lloró. Sus lágrimas mojaron los pies de Jesús, así que los secó con sus largos y hermosos cabellos. Trajo consigo un frasco de su mejor perfume. Lo puso en los pies de Jesús y luego los besó.

Al hombre que invitó a Jesús le pareció algo muy desagradable. Pensó que, si Jesús supiera que era una pecadora, la habría echado.

Jesús sabía lo que el hombre pensaba. También sabía lo que la mujer estaba pensando. Ella era amiga de Jesús y sentía en su corazón que Jesús iba a morir pronto. Por eso lloró y le puso un perfume especial en los pies.

«Cuando llegué aquí, no me lavaste los pies, ni los perfumaste ni los besaste —le dijo Jesús al hombre—. Esta mujer me ama, y sus pecados le son perdonados».

Los asistentes a la cena se preguntaban quién le había dado a Jesús autoridad para perdonar los pecados de alguien. Todavía no sabían quién era Jesús, ni que pronto él sería el único con autoridad divina para perdonar pecados.

Pídeselo a Jesús y él perdonará tus pecados también.

SI CONFESAMOS NUESTROS PECADOS, PODEMOS CONFIAR EN QUE DIOS, QUE ES JUSTO, NOS PERDONARÁ NUESTROS PECADOS Y NOS LIMPIARÁ DE TODA MALDAD.

1 Juan 1:9

La mujer que tocó el manto de Jesús

(Mateo 9:20-22; Marcos 5:25-34; Lucas 8:43-48)

«Si tan solo pudiera tocarlo»

Jesús hizo muchos milagros mientras vivió aquí en la tierra. Los enfermos oyeron que Jesús tenía poder para sanar, así que venían de todas partes para ser curados. Dondequiera que iba, las multitudes lo seguían. Algunas personas lo seguían porque querían un milagro. Otros, solo para ver lo que iba a hacer.

Jesús iba de camino para sanar a la hija enferma de un hombre muy importante. En la multitud que se agolpaba a su alrededor había una mujer que llevaba doce años enferma. Tenía hemorragias en algún lugar de su cuerpo. Lo había intentado todo para curarse. Ningún médico pudo ayudarla, y se gastó todo su dinero en facturas médicas. Jesús era su última esperanza.

Ella creía que necesitaba tocarlo para recibir sanación. La mujer se abrió paso entre la multitud. Por fin se acercó lo suficiente para tocar su abrigo y, cuando lo hizo, ¡sintió en su cuerpo que estaba curada!

«¿Quién me tocó?», preguntó Jesús. ¿Cómo lo supo? Había mucha gente empujándolo mientras caminaban.

La mujer sintió miedo. Jesús y todos los que lo seguían se detuvieron. Todos la miraron cuando se inclinó ante Jesús y confesó: «Fui yo».

Jesús se apiadó de ella. Le dijo con tono amable: «Hija, por tu fe has sido sanada. Vete tranquila y curada ya de tu enfermedad» (Marcos 5:34).

¿Te diste cuenta de que Jesús dijo: «por tu fe has sido sanada»? Aunque la mujer se abrió paso entre la multitud para tocar físicamente a Jesús, no fue el acto de tocarlo, sino su fe en él lo que trajo la curación.

Si necesitas algo de Jesús, no tienes que hacer nada especial. Solo ten fe en él. Pídele, y luego confía en él para que te dé lo que sea que necesites.

Te doy este encargo para que pelees la buena batalla con fe.

1 Timoteo 1:19